Ágape

RELIGIÓN CATÓLICA

3 ESO

Texto aprobado por la Conferencia Episcopal Española con fecha 29-06-2015

Autores
Juan Carlos González López
Francisco Segurado Castaño

Innovación pedagógica y revisión técnica
Equipo Kainós

EDELVIVES

PRIMER TRIMESTRE

SEGUNDO TRIMESTRE

TERCER TRIMESTRE

ICONOS

CRISTIANOS POR EL MUNDO

ARTE

BIBLIA

PERSONAJE DESTACADO

TEORÍA

ACTIVIDADES

AUTOEVALUACIÓN

IGLESIA

DIOS

JESÚS

ESPIRITUALIDAD

ORGANIZADOR VISUAL

SE HABLA DE...

METACOGNICIÓN

VER

COMUNICACIÓN ORAL

INVESTIGAR

TRABAJO EN GRUPO

01 El sentido de la vida

¿Para qué vivimos? ¿Qué es la felicidad? ¿Quién soy yo? ¿Qué tipo de vida es la mejor? ¿Qué camino debo tomar? Los seres humanos nos hacemos estas preguntas precisamente porque formamos parte de la humanidad; es lo que nos caracteriza: la búsqueda de un sentido para nuestra vida. En esta unidad te vas a encontrar con diversas propuestas entre las que puedes elegir. Y una de ellas es la que más importancia ha tenido en la sociedad occidental: el cristianismo.

«Lo que me llevará al final
serán mis pasos, no el camino.
¿No ves que siempre vas detrás
cuando persigues al destino?»

Fito&Fitipaldis,
Antes de que cuente diez.

«Todo tiene su momento, y cada cosa su tiempo bajo el cielo» (Eclo 3,1).

Momentos para detenerse y reflexionar sobre la dirección y el significado de tu vida. Ocasiones para compartir la vida con los demás.

1 ¿Qué acciones, actitudes y sentimientos reflejan estas imágenes?

2 ¿Qué es lo que caracteriza al ser humano?

3 ¿Qué relación tiene el sentido de la vida con la felicidad?

01 El sentido de la vida o una vida sin sentido

Una pregunta que se hace mucho a los adolescentes es qué piensan hacer con su vida. En la juventud y en la sociedad en la que vivimos es cada vez más difícil pararse a reflexionar sobre nuestra vida y cómo vivirla. La lógica del consumo ha dado lugar a una cultura en la que los placeres predominan por encima de todo. La publicidad, el crédito, la sobrevaloración de los objetos y el ocio, la satisfacción inmediata de las necesidades, ha dado lugar a una civilización que no lucha por vencer el deseo sino a disculparlo. Mandan los goces del presente, valorar el yo, el cuerpo y la comodidad por encima de todo. Estos valores han relegado la obligación moral para dar paso a una cultura del yo, de los cumplimientos al instante. ¡Qué más da todo lo demás! La comodidad, las vacaciones, la obsesión por la salud... ¿Dónde quedan los valores humanitarios, caritativos, compasivos, de esfuerzo por conseguir las cosas, de valorar lo que uno tiene y no lo que puede llegar a conseguir? Estamos sometidos a un bombardeo de violencia, de la grandeza del confort y el no hacer nada, del triunfo instantáneo y fácil. Una insistencia constante de objetos y marcas invaden las pantallas de nuestra vida conduciéndonos por un camino fácil. Lo material predomina sobre lo humano, las necesidades sobre la virtud, el bienestar sobre el bien.

Sin embargo, aún solemos asombrarnos y valoramos cuando una persona se sale del canon que quieren marcar y encuentra sentido a su vida alejándose de lo establecido y valorando lo humanitario, lo caritativo, el amor a los demás por encima de todo. Entonces nos preguntamos... ¿Se puede vivir entregado a los más desheredados de la tierra? ¿Es posible ser feliz en contacto con el dolor, la injusticia y el sufrimiento? ¿Es posible encontrar sentido a la vida renunciando al dinero, a las posesiones y al bienestar? ¿Quién no se siente revolcado en su interior ante una personalidad como la de Teresa de Calcuta? ¿Por qué las alabanzas llegan desde cualquier ideología? ¿No será que valoramos mucho más estas formas de comportarse que las otras y sin embargo la sociedad, por un interés totalmente capitalista e interesado, nos conduce por otro camino bien distinto? A lo largo de la unidad vamos a ver diferentes formas de encontrar sentido a la vida, diversas maneras de afrontar la existencia humana.

¿Dónde buscamos el sentido de la vida?

La vida es bella, admírala.
La vida es dicha, saboréala.
La vida es un sueño, hazlo realidad.
La vida es un reto, afróntalo.
La vida es un deber, cúmplelo.
La vida es un juego, juégalo.
La vida es costosa, cuídala.
La vida es riqueza, consérvala.
La vida es amor, gózala.
La vida es un misterio, desvélalo.
La vida es una promesa, lógrala.
La vida es tristeza, supérala.
La vida es un combate, acéptalo.
La vida es una tragedia, enfréntala.
La vida es aventura, atrévete.
La vida es suerte, persíguela.
La vida es preciosa, no la destruyas.
La vida es LA VIDA, defiéndela.

Teresa de Calcuta

ACTIVIDADES

1 ¿Cuáles de las afirmaciones del cuadro de la Madre Teresa te parecen más importantes y cuáles coinciden con tu propia forma de ver la vida?

2 Entra en www.kontsumobide.euskadi.eus/.../guia_consumo_publicidad_es.pdf y enumera las diferentes afirmaciones que realiza sobre la publicidad.

3 Enumera algunos aspectos de nuestra sociedad que incentivan el culto al cuerpo, el consumismo como manera de alcanzar la felicidad y conseguir lo que se quiere de manera rápida y sin esfuerzo.

02 A la búsqueda de respuestas

> «Lo que sigue a la muerte es tan problemático… Nada me da tanto miedo como pensar en eso. ¿Será cierto que yo he vivido para desaparecer enseguida sin dejar huella? ¿Para que la hierba crezca inútil sobre mi tumba? Es escalofriante. ¿Cómo llegar a saber la verdad?».
>
> DOSTOIEVSKI, *Los hermanos Karamazov*

Este texto plantea una de los grandes interrogantes del ser humano. ¿Para qué vivimos? ¿Qué es la felicidad? ¿Quién soy yo? ¿Qué tipo de vida es la mejor? ¿Qué camino debo tomar? Son preguntas sobre el sentido de la vida. Aunque parezca mentira, tarde o temprano debemos buscarle una respuesta y en la medida en la que seamos capaces de encontrarla dependerá el grado de felicidad del que dispongamos. Lo que no podemos es pasarnos el día esperando a que acabe la jornada de clase o trabajo, la semana esperando a que llegue el fin de semana, los meses a que lleguen las vacaciones y los años a que llegue la jubilación, eso no es vida.

¿Pero qué quiere decir **sentido**? Tiene dos significados. Por un lado está el equivalente a *significado* y por el otro el de *dirección*. La unión de ambas tiene cabida en la pregunta por el sentido de la vida. Por un lado deseamos conocer el verdadero *significado* de los acontecimientos de la vida, el por qué de las cosas que nos suceden. Por otro, también deseamos saber el hacia dónde, la *dirección* que debemos dar a nuestra vida, cuál será nuestro final, a dónde nos dirigimos, incluso más allá del momento inquietante de la muerte.

La vida es un camino en libertad; a cada decisión que tomamos son muchos los nuevos caminos que se presentan ante nosotros. Cada vida personal es un enigma por descubrir y ha de ser interpretada para encontrar el sentido. De igual manera que cuando uno está preocupado por un problema y cuando encuentra la solución, todo un sentimiento de alegría se abre paso en nosotros y comenzamos a ver más claro cuál es el camino a seguir, con la vida sucede lo mismo: en cuanto encontramos el sentido a nuestra existencia, parece como si todos los caminos comenzasen a estar perfectamente señalados y ya no tuviéramos la desazón de estar perdidos, comenzando a disfrutar y ser felices de cada instante. La felicidad está íntimamente ligada al sentido y en la medida que vayamos tomando las decisiones más acertadas y llenas de sentido mayor será nuestro grado de felicidad.

La información del Mac-abeo

Teresa de Calcuta, cuyo nombre de bautismo era Agnes Gonxha Bojaxhiu fue una monja de origen albanés, aunque identificada plenamente con el país en el que realizó la mayor parte de su labor misionera: la India. Fundó la congregación de las Misioneras de la Caridad en Calcuta en 1950. Durante más de 45 años atendió a pobres, enfermos, huérfanos y moribundos, al mismo tiempo que guiaba la expansión de su congregación. Es autora de frases tan célebres como: «Ama hasta que te duela. Si te duele es buena señal» o «No debemos permitir que alguien se aleje de nuestra presencia sin sentirse mejor y más feliz».

ACTIVIDADES

4 Describe qué tres valores te llevarías a una isla desierta que te ayudasen a ser feliz. ¿Por qué esos y no otros?

5 Si pudieras ir a una subasta para adquirir algún valor más para llevarte a tu isla desierta y tuvieras mil euros para gastar, ¿qué valores de los siguientes te llevarías? ¿Cuánto estarías dispuesto a pagar por cada uno de ellos?

Amistad Amor Salud Libertad Respeto Alegría

03 ¿Qué nos proponen?

Todas esas cuestiones de las que hemos hablado en el punto anterior formarán la base sobre la que científicos, filósofos y teólogos intentarán dar una explicación que responda satisfactoriamente a la realidad de la existencia humana. Hasta la fecha se ha conseguido una respuesta satisfactoria e **irrefutable***.

Una de las características más significativas de este siglo XXI es la diversidad de propuestas de sentido para la vida que existen. El abanico mediático con la inmediatez de las noticias y de las conversaciones ha influido en la expansión de estas diferentes propuestas.

Además, se han acortado de manera real las distancias en las noticias y las comunicaciones. La movilidad de las personas ha aumentado de una manera generalizada, bien de manera esporádica y turística o bien con fenómenos migratorios por razones económicas. Así, diferentes maneras de pensar, de actuar, de comportarse o simplemente de vivir, se han hecho cercanas para nosotros. También ha supuesto un acercamiento a otras creencias y religiones.

Sin duda, ahora nos encontramos con una mayor diversidad de propuestas que ofrecen un sentido para la vida.

Algunas de estas propuestas son:

- La laicidad entendida como una opción de pretender eliminar a la religión porque la consideran negativa para el verdadero desarrollo de la humanidad que ellos proponen.
- Otras religiones monoteístas como el Islam aumentan su protagonismo tanto de una manera local como **globalizada***. Todas las grandes religiones viven su relación con la deidad de forma más personal e íntima.
- Diversidad de ofertas con un cierto talante espiritual pero que en realidad está vinculado a grandes intereses económicos. Hay un impulso en la oferta de las ciencias ocultas, magia y superstición.
- El sistema económico actual ha pasado de producir a intentar convencernos de la necesidad de consumir más para ser verdaderamente felices.
- A todas estas hay que añadir las respuestas que el humanismo ha intentado ofrecer. Están muy vinculadas a la filosofía.

*

Irrefutable: que no se puede rechazar, contradecir o rehusar.

Globalizada: universalizado. Cuando hablamos de algo que se ha extendido por todos los continentes.

ACTIVIDADES

6 Realizad en grupo una presentación sobre la laicidad en España.

7 ¿Cuáles consideras que son los aspectos que han influido en un mejor conocimiento de las características de la religión islámica en España?

8 Enumera algunas de esas ofertas de carácter espiritual, mágicas o supersticiosas de las que se habla en el capítulo.

04 Aportaciones monoteístas

Cada religión va a intentar dar una respuesta a las experiencias más dolorosas con las que el ser humano se tiene que enfrentar (la enfermedad o la muerte) y ofrecen cómo deben comportarse en su devenir diario inundando la experiencia vital de señales que iluminen el camino de las personas. La persona religiosa encuentra en ellas el sentido último, la explicación definitiva al misterio de la vida: somos seres creados por Dios, procedemos de él y nuestro camino conduce hacia él.

El proyecto de Dios es un proyecto de felicidad.

Las religiones monoteístas (judíos, cristianos y musulmanes) encuentran el sentido a su vida participando del proyecto de felicidad que Dios tiene para el ser humano. El amor que Dios siente por cada hombre concreto es la base. Él nos ha creado, se nos ha **revelado***, y nos ofrece la Salvación.

Cada religión monoteísta plantea un camino diferente para encontrar el sentido último de la vida y con ello la felicidad, además de acceder a la Salvación que Dios les proporciona.

- **El judaísmo.** Para el judío la fidelidad a Dios es fundamental: es el que va a protegerle y va a estar a su lado siempre. Dios se les manifestó firmando un pacto. Si ellos eran fieles, Dios los protegería, solo tendrían que cumplir su parte del trato: la fidelidad y el cumplimiento de las normas reflejadas en los mandamientos y en la Torá. Ahí tienen el camino que deben seguir. Si lo consiguen encontrarán verdaderos sentido a sus vidas y con ello la felicidad.
- **El islamismo.** La fe en su Dios (Alá) debe ser ciega, innegociable. Mahoma transmitió a la humanidad cuál era el mensaje de Dios para los musulmanes, además de cuál era el camino que debían seguir: practicar los cinco pilares del Islam (la profesión de fe, las oraciones, el ayuno en el mes del Ramadán, la limosna y la peregrinación a La Meca). El resto de obligaciones a cumplir, lo que tienen que hacer para descubrir el camino que les conduce hasta Alá y con ello alcanzar la felicidad completa y eterna, está recogido en su libro sagrado: El Corán.
- **El cristianismo** nos propone una fórmula novedosa basada en que Dios se hace hombre y nos propone el mandamiento del amor. Lo trataremos más detalladamente.

*

Revelado: de revelar, hacerse presente para el que lo contempla. Cuando Dios se manifiesta a la humanidad de una u otra manera se dice que Dios se ha revelado.

Las ideas de Pitt Ágoras

Séneca fue un filósofo que nació en Córdoba entre el año 4 (a.C.) y el 1 (d.C.). Se trasladó a Roma tuvo una variada formación: gramática, retórica, filosofía... Estudió con grandes filósofos de la época. Nos dejó algunas de las frases más célebres de la historia del pensamiento. He aquí algunos ejemplos.

«La vida es como una leyenda: no importa que sea larga, sino que esté bien narrada». «No es pobre el que tiene poco, sino el que mucho desea». «No hay viento favorable para el que no sabe dónde va».

ACTIVIDADES

9 Visualiza el vídeo *Pasos hacia la vida* que puedes encontrar en http://buscandovida.jimdo.com/para-pensar/videos/. ¿Qué nos propone el vídeo? ¿A qué podemos atrevernos? ¿Para qué?

05 Propuesta cristiana

El cristianismo fundamenta su propuesta de sentido en el camino que Jesús, con su vida, muerte y Resurrección, nos señaló: el amor. El cristiano basa su existencia en el mandamiento del amor a Dios y a los demás. Es un amor entregado gratuitamente, sin medida, en el que además queda reflejado el grado de amor que Dios siente por la humanidad. Esa fórmula posibilita que desaparezca gran parte de los desasosiegos que preocupan al ser humano. La Biblia es el reflejo del sacrificio total del interés propio a favor de los demás.

Amando a los demás sin medida, provocamos que se cuestionen su vida y puedan comenzar a sentirse libres. Con ese amor que damos al prójimo le estamos enseñando cuál es el verdadero amor de Dios. Ya saben cuál es el camino de la felicidad, dónde se encuentra el verdadero sentido de la existencia.

El ser humano es insatisfecho por naturaleza. Por eso el cristiano, aunque posee el camino hacia la felicidad y la consigue siguiendo el camino de Jesús, aún se siente insatisfecho y aspira a una felicidad plena. Esta felicidad no se puede conseguir solo, ni tan siquiera está situada en el aquí y ahora. Va más allá. En realidad busca una salvación, una felicidad eterna. Es esta felicidad plena la que Dios ofrece, el Reino que Jesús anunciaba. Se colman así todas las ansias de felicidad y mejora que anhela el corazón del hombre.

Jesús marca el camino. Sin embargo, es un camino con curvas, cuestas y obstáculos que hay que ir venciendo. Se necesita la perseverancia, la oración, la fe, e incluso un guía (la Iglesia) que nos va descubriendo las diferentes señales que nos han dejado.

Cuando nos vamos acercando al destino y vamos superando los obstáculos, mayor es el sentimiento de felicidad, pero al mismo tiempo, también es mayor el sentimiento de agradecimiento.

La ventana interreligiosa

El monte Moria

Hay un relato bíblico que demuestra lo que significa tener fe y llevarlo al extremo: el sacrificio de Isaac (Gn 22). En Jerusalén, el Monte Moria es considerado por la tradición judía como el lugar del sacrificio de Isaac y es un lugar sagrado para las religiones judía, cristiana y musulmana (fue el lugar que Alá escogió para fundar el universo y desde el sitio desde donde Mahoma subió a los cielos).

Jerusalén.

ACTIVIDADES

10 Lee Mt 6,19-20. ¿Qué nos quiere decir Jesús con esas palabras? ¿Dónde está la verdadera felicidad? ¿Es en la tierra donde se puede conseguir la felicidad plena?

11 Según lo aprendido en la unidad haz un comentario de la siguiente frase de Francesc Torralba: «La felicidad humana es algo más complejo que la mera conquista del poder y la posesión».

06 Los sinsentidos de la vida

Ya hemos visto que la vida es como tú la diseñas, como tú la afrontas. Eres tú quien la tiene que convertir en digna, llena de sentido, de espíritu de lucha, de aventura, de compromiso… ¿pero qué sucede cuando esto no es así, cuando termina desembocando en valores negativos que cada vez te alejan más del sentido y van destrozando la vida?

En nuestra sociedad hay casos de personas que no encuentran el sentido de su vida y sucumben a la autodestrucción a través de consumos perjudiciales, conductas peligrosas o acciones destructivas. Es evidente que para ellos la vida no tiene sentido y han escogido un camino que no lleva a ninguna parte, o sí, a su propia destrucción. Nietzsche decía que «existe un derecho por el cual podemos privar a un hombre de su vida, pero no existe ninguno con el que lo podamos privar de su muerte». Es el término «la muerte» el reflejo natural a una vida sin sentido.

Las estadísticas arrojan datos preocupantes sobre los jóvenes que no encuentran sentido a su vida y adquieren hábitos perjudiciales para su salud. ¿Por qué buscan esa autodestrucción con una dependencia tal? ¿Por qué buscan que su autonomía y libertad desaparezcan para introducirse en un mundo inhóspito y mortal? Simplemente porque consideran que la vida humana no merece ser vivida en las circunstancias en las que le toca vivir y solo viven escapando de la realidad.

Cuando una sociedad ofrece como sentido para la vida que tener es más importante que ser, que consumir es mejor que renunciar, que progresar es más decisivo que saber, que hacer es mejor que pensar, que aparentar es más decisivo que ser, que lo urgente vale más que lo importante, y que la cantidad cuenta más que la calidad, sin duda nos está dando datos más que preocupantes sobre los sinsentidos que rodean.

Muchos jóvenes buscan en la diversión el sentido de la vida.

¿Alguna duda?

¿Qué dice el catolicismo sobre aquellos que al no encontrar sentido a su vida deciden acabar con ella?

El *Catecismo de la Iglesia Católica* señala que: «El suicidio contradice la inclinación natural del ser humano a conservar y perpetuar su vida. Es gravemente contrario al justo amor de sí mismo. Ofende también al amor del prójimo porque rompe injustamente los lazos de solidaridad con las sociedades familiar, nacional y humana con las cuales estamos obligados. El suicidio es contrario al amor del Dios vivo».

Joven triste

ACTIVIDADES

12 Escoge tres anuncios dirigidos a jóvenes como tú e intenta analizarlos según este cuadro:

Describe lo que se ve	Sensaciones del entorno: descanso, alegría erotismo, naturaleza, seguridad, belleza…
Texto del eslogan que aparece	Palabra clave del eslogan
Situación en la que se encuentra el personaje central	Según las facciones de su rostro y lo que hace, ¿qué creéis que puede intentar transmitir?
Música. Descríbela	¿Qué os sugiere?

13 Según el análisis que habéis realizado del cuadro ¿Qué proponen como felicidad esos anuncios?

Y ADEMÁS HOY...

Cristo con la cruz, El Bosco

Rostros, caras, bocas, narices. Frentes anchas, largas, apretadas, tensas. Labios sensuales, gruesos, estrechos, firmes rígidos. Pupilas brillantes, opacas, bizcas. Ojos saltones, miradas sucias. Barbillas, barbas, muecas... Esta forma de expresión que utiliza Hyeronimus Bosch, El Bosco, (Países Bajos 1450-1516) pertenece a una de las más importantes sátiras del Renacimiento. Su intención en todo momento fue **zaherir*** los vicios de la sociedad del momento, la **necedad*** del ser humano, la corrupción de los distintos estamentos sociales.

Cristo con la cruz, El Bosco

En el centro del cuadro se encuentra el hombre que debemos encontrar en medio de una sociedad injusta, artificial sin sentido. Prevalece iluminado en el centro de la sinrazón, de la injusticia, del sinsentido. Está visible, resplandece en medio del caos. Es fácil encontrarlo. Una cara llena de paz, de mansedumbre, de dulzura, con los ojos mansamente cerrados que parecen recogerse y meditar sobre el sentido y destino de la humanidad que le rodea representado mediante rostros inhumanos, feos carentes de cualquier atractivo pero que sin embargo representan la mayoría de opciones presentes en la sociedad que considera que allí está el verdadero objetivo de la existencia humana.

Hay otro rostro apacible, sereno, suave e incluso sonriente. Es un rostro que ha puesto en práctica el gran mandato de Jesús, el mandato del amor: la Verónica, que ante el sufrimiento de Jesús se ha acercado humilde, sencilla, derrochando humildad, amor y gratitud, para limpiar el rostro ensangrentado de Jesús. Se ha encontrado con él, ha puesto en práctica su mensaje; se vuelve serena tomando un camino diferente. No teme nada. Sabe que ha hecho la elección correcta, su vida sigue un rumbo fijo y estable. Dios ilumina su nuevo camino.

Zaherir: decir o hacer algo a alguien con lo que se sienta humillado, herido o mortificado.

Necedad: dicho sobre una cosa ejecutada con ignorancia, imprudencia o presunción.

ACTIVIDADES

14 Busca información sobre El Bosco y haz una pequeña biografía del autor.

15 Otra de las grandes obras de este autor es *El jardín de las delicias*. Busca la imagen y, en tres grupos, analizarla. Cada uno se ocupa de una de las partes del tríptico y explica al resto de los compañeros lo que el Bosco quiso denunciar con ese cuadro.

Isabel Guerra. La monja pintora

Sin duda alguna, estamos ante un personaje que sorprende y rompe moldes. Isabel Guerra encontró el sentido de la vida en sus dos pasiones: por un lado, el amor que Dios nos entrega y que ella decide entregar a los demás a través de una vida consagrada a él, y la otra, manifestando la grandeza de ese amor mediante las imágenes que nos deja con su pintura.

Creció desarrollando sus dos pasiones. Su gran duda se disipa cuando a los 23 años decide entrar en un monasterio cisterciense. Desde entonces combina las dos facetas de su vida. El tiempo que pinta, lo vive como un tiempo de pensar y hablar con Dios.

En una entrevista contestaba así a dos preguntas fundamentales que han estado presentes a lo largo de toda la unidad.

– **Sor Isabel, usted nos transmite a través de su pintura algo muy parecido al amor. ¿Es así?**

– Bueno, por lo menos lo que procuro es transmitirlo, y realizar ese trabajo con el amor que nos tienen -no que nosotros somos capaces de tener-, y que nos viene como un gran regalo del Infinito. Sí, intento hacer mi trabajo con amor.

– **Su vocación religiosa y su vocación artística ¿forman una unidad, un único sentido de vida?**

– Yo creo que sí, aunque no era muy consciente de ello en mi primera juventud. Pero el correr de los años me parece a mí que ha demostrado que sí, que las dos vocaciones son una auténtica unidad en mi corazón y en mi alma, y que se complementan -no sé si muy armoniosamente- en mi vida de una forma bastante adecuada. Da la impresión de que ya hasta el mismo San Benito (autor de nuestra norma de vida) casi pensaba en ello, pues tiene un capítulo de su regla expresamente dedicado a los artistas, a los artífices del monasterio, por lo que parece que ya estaba pensando que algún día iba yo a aparecer por el Císter.

http://es.catholic.net/op/articulos/6088/madre-isabel-guerra-monja-de-clausura-y-extraordinaria-pintora-hiperrealista.html.

Obra pictórica de Isabel Guerra.

ACTIVIDADES

16 ¿Cuáles son las dos grandes vocaciones de Isabel?

17 ¿Qué trata de expresar con sus pinturas?

18 Lee la entrevista completa y di qué cosas establece ella como necesarias para dar sentido a la vida.

Jesús y Zaqueo (Lc 19,1-10)

Zaqueo era un publicano; es decir, un judío que el Imperio Romano contrataba para cobrar sus impuestos a la gente humilde y trabajadora y llevarlos al Imperio a Roma, por lo que no eran utilizados en beneficio de la comunidad. No eran muy bien vistos porque, además, aumentaban los impuestos que tenían que cobrar para pagarse su sueldo, lo que significaba que se enriquecían a costa de sus conciudadanos. Zaqueo había dado un único sentido a su vida: ganar el mayor dinero posible a costa de judíos como él. Para el resto de los judíos no era nada más que un ladrón y un estafador, un pecador que solo estaba acompañado de aquellos que le adulaban en busca de algún beneficio, pues el resto jamás se sentaría a su mesa o compartiría con él nada.

Zaqueo subido al árbol, de Tissot.

Cuando se sube a un árbol para ver a Jesús, para encontrarse con él, podemos ya comprender que Zaqueo no es feliz con la vida que lleva y busca su encuentro con Jesús.

Jesús, aun sabiendo quién era y que nadie quería acercarse a él, le pide alojamiento. Sin nada más, sin pedirle nada a cambio, le va a dar un nuevo sentido a su vida. De esta forma vemos cómo Jesús no excluye a nadie. Todos son bienvenidos. No tiene en cuenta ni estereotipos ni rechazos sociales. Solo el amor que transmite por el hombre, y que enseña que debe ser transmitido a los demás.

Zaqueo se siente transformado por el encuentro y va a redirigir su vida. Ahora tiene una nueva razón de existir. El dinero pasa a un segundo plano, ya no es lo importante, ni tan siquiera necesario. El camino de su vida ha encontrado un nuevo rumbo.

Ese encuentro nos enseña cómo Jesús puede llegar a cambiar a la persona, a alcanzar ese sentido último de su vida que consiste en la Salvación, es decir, en esa felicidad plena y eterna que va más allá de la plena existencia terrenal. Además nos enseña que transmitiendo amor, podemos llegar a cambiar a las personas, a que estas se sientan interrogadas y reconduzcan su camino vital sin importar cuál fuera.

Un poquito de cine por favor

Cadena de favores

Un avispado niño, impulsado por su idealista maestro de Ciencias Sociales, inicia un movimiento que sugiere que alguien haga un favor grande a tres personas; cada una de esas tres personas ayudará a otras tres, y así sucesivamente, hasta llegar a un nivel donde el incremento geométrico de favores y buenas intenciones logren mejorar el lamentable estado en el que está el mundo. El niño va a basar su idea en la buena voluntad y el amor de las personas por el resto de la humanidad. Así, personas sin objetivos y sin ideal de vida, van a encontrar un nuevo sentido a su existencia.

ACTIVIDADES

19 Lee detenidamente el relato. Describe cuál es el argumento. ¿Quiénes son los personajes clave? ¿Cuáles son las claves para comprender el significado?

20 Indica cuáles son las enseñanzas que se pueden extraer para la vida actual.

21 Si estuvieras en el papel de Zaqueo y tuvieras que explicar las razones de tu conversión a la clase, ¿qué dirías? ¿Cómo lo explicarías?

Sor Elvira Petrozzi. La comunidad del cenáculo

Sor Elvira Petrozzi es una religiosa italiana con una sensibilidad especial, «tocada» por la ternura de Dios y guiada con mano firme por el Espíritu Santo. Fruto de su inquietud por llevar la alegría, la esperanza y el amor de Dios Padre a los más débiles, desesperados y marginados surge la Comunidad del Cenáculo. Fundada en 1983, actualmente cuenta con presencia en Europa y en América, donde acoge a personas enganchadas a las drogas o que buscan el sentido verdadero de la vida. Según sus propias palabras, la fundó «como respuesta al grito de desesperación de muchos jóvenes cansados, desesperados, desilusionados, adictos a las drogas y personal en general, que buscaban la alegría y el sentido verdadero de la vida».

Los voluntarios colaboran de forma gratuita y según sus posibilidades. También algunos de los jóvenes que dejan las drogas después de pasar por la comunidad y siguen como voluntarios.

A los jóvenes que acoge se les ofrece un estilo de vida sencillo, familiar y disciplinado basado en la amistad, el trabajo, la fe y la oración. Las personas acogidas trabajan de sol a sol en granjas, talleres, etc. en el que cada joven va trabajando su físico y, al mismo tiempo, aprende a dignificarse y a servir a los demás. Una revisión de vida permite a los jóvenes conocerse a ellos mismos y estimularlos para ser dueños de su propia vida y valorar lo que realmente es importante.

Sor Elvira cree que esta organización basada en la vida cristiana, es la respuesta más completa a las preguntas sobre el significado de la vida. Aquí radica precisamente el secreto para la recuperación de las personas toxicómanas: la Cristoterapia. En las casas de la Comunidad del Cenáculo no se requiere el servicio de psicólogos, ni siquiera medicamentos. Cristo es el centro del tratamiento de la rehabilitación y más del 90% de los jóvenes que terminan el proceso consiguen recuperar su vida.

La base de la terapia es el amor que nace de la cruz de Cristo y que es capaz de dar vida a lo que estaba muerto. No en vano, el lema es: «De las tinieblas a la luz».

http://www.mensajerosdelareinadelapaz.org/imagestextos/CenacoloCatalunya08.texto.pdf

ACTIVIDADES

22 ¿Para qué se fundó la Comunidad del Cenáculo?

23 ¿En qué se basan para darle verdadero sentido a la vida de esos jóvenes?

24 Entra en: http://www.mensajerosdelareinadelapaz.org/imagestextos/CenacoloCatalunya08.texto.pdf y saca las ideas fundamentales de los testimonios personales que allí aparecen.

SÍNTESIS

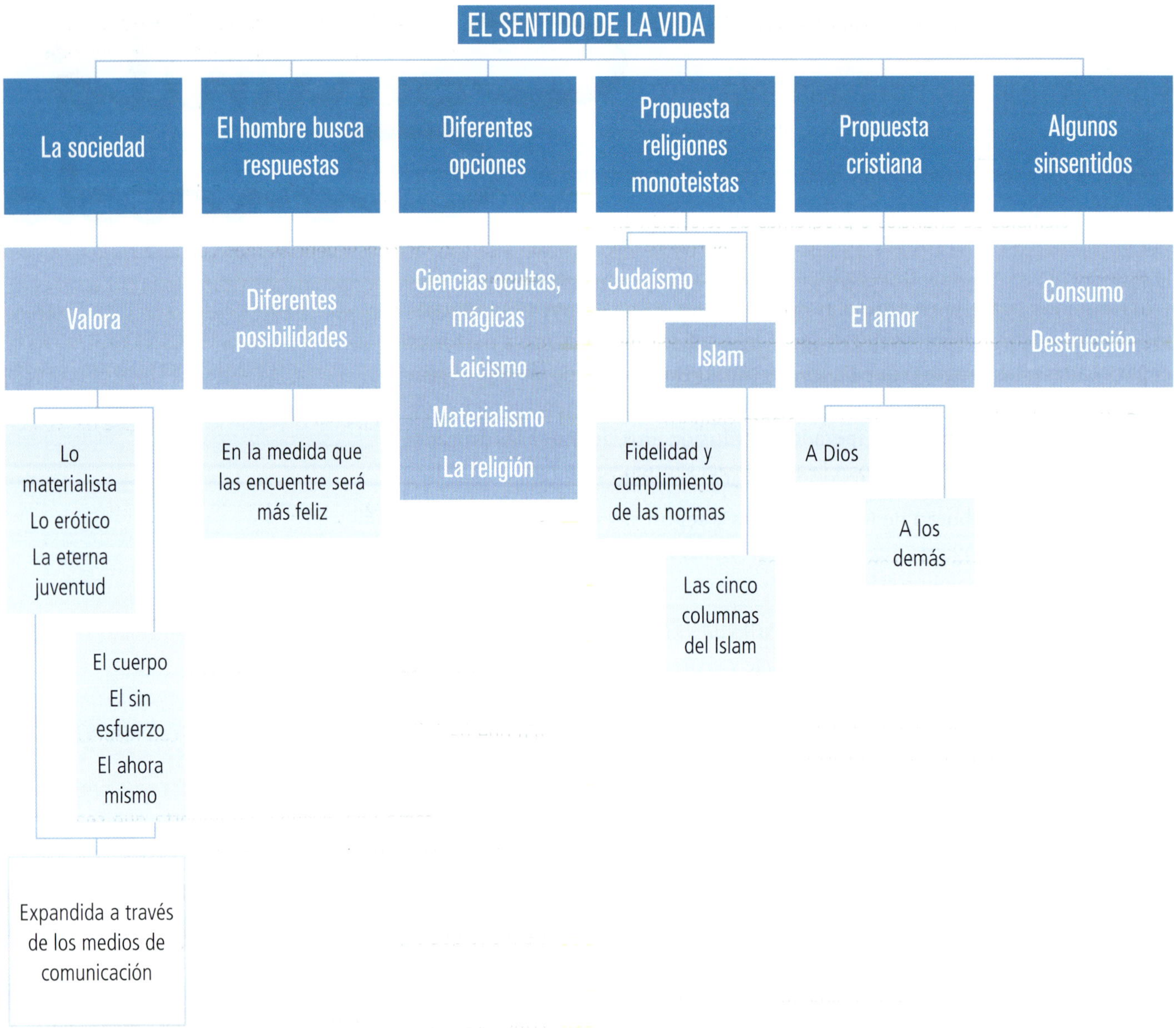

Fuentes

http://www.mensajerosdelareinadelapaz.org/imagestextos/CenacoloCatalunya08.texto.pdf

http://es.catholic.net/op/articulos/6088/madre-isabel-guerra-monja-de-clausura-y-extraordinaria-pintora-hiperrealista.html.

es.wikipedia.org/wiki/El_jardín_de_las_delicias.

es.wikipedia.org/wiki/Hieronymus_Bosc

http://buscandovida.jimdo.com/para-pensar/videos/

en www.kontsumobide.euskadi.eus/.../guia_consumo_publicidad_es.pdf

www.biblioteca.org.ar/libros/133472.pdf

ACTIVIDADES DE EVALUACIÓN

1 ¿Qué valores son los que dominan en la sociedad actual?

2 ¿Qué nos propone la Madre Teresa de Calcuta?

3 Pon algunos ejemplos de cómo desarrollar algunos de los consejos de la Madre Teresa.

4 Pon tres ejemplos de anuncios o programas de televisión en los que se valore el cuerpo, el materialismo o el triunfo sin esfuerzo.

5 ¿Cuáles son las grandes cuestiones que se hace el ser humano?

6 ¿Cuáles son los dos significados de la palabra sentido?

7 Lee el siguiente texto del poeta Antonio Machado y contesta a las preguntas.

Caminante, son tus huellas
el camino y nada más;
Caminante, no hay camino,
se hace camino al andar.
Al andar se hace el camino,
y al volver la vista atrás
se ve la senda que nunca
se ha de volver a pisar.
Caminante no hay camino
sino estelas en la mar.

a. ¿Qué nos quiere transmitir?

b. ¿Qué quiere decir la frase «caminante no hay camino se hace camino al andar»?

c. ¿Qué sentido de la vida nos está proponiendo el autor?

8 ¿Qué propone la laicidad?

9 ¿Qué otro tipo de opciones para dar sentido a nuestra vida nos proponen?

10 ¿Qué paralelismos encuentras en el sentido de la vida para un judío y para un musulmán?

11 ¿En qué coinciden las religiones monoteístas al ofrecer un sentido a la vida?

12 ¿En qué basa el cristianismo su propuesta de sentido de la vida?

13 ¿Qué efecto puede tener en los demás el que nosotros aceptemos la propuesta cristiana como sentido para nuestra vida?

14 ¿Qué papel tiene la iglesia en esa propuesta de sentido cristiana?

15 ¿Qué diferencia hay entre felicidad y Salvación?

16 ¿Cuáles son las consecuencias más claras de una vida sin sentido?

17 ¿Qué intenta transmitirnos el Bosco con su cuadro *Cristo con la cruz*?

18 ¿En qué se basa fundamentalmente la comunidad del cenáculo?

19 ¿Cuál es la enseñanza que nos transmite Zaqueo?

20 ¿Qué pasiones impulsan a Isabel Guerra?

21 ¿A qué ha dado lugar la lógica del consumismo?

22 ¿Qué fundó la Madre Teresa de Calcuta?

23 ¿En qué ha influido el abanico mediático con respecto a las propuestas de sentido?

24 «La Vida es como una leyenda, no importa que sea larga, sino que esté bien narrada«» ¿Qué quiere decir esta frase de Séneca?

25 Define lo que significa revelado desde el punto de vista religioso.

26 ¿Qué es el monte Moria?

27 Enumera cinco sinsentidos de la vida y ofrece una propuesta con sentido a cada uno de ellos.

28 ¿Qué hizo Zaqueo tras el encuentro con Jesús?

29 ¿Cuál es la labor que desarrolla la comunidad del cenáculo?

30 ¿Cómo se puede resumir la propuesta de sentido de Jesús en una sola frase (o mandamiento)?

31 ¿Qué quiere decir la frase «¡Ojalá vivas todos los días de tu vida!» del político y escritor irlandés Jonathan Swift?

32 ¿Qué quiere decir la palabra sinsentido?

33 ¿Dónde deposita el cristiano el sentido de su vida?

02 El riesgo de la vida

¿Todo lo que hacemos está bien? ¿Nos alegramos cuando sentimos el perdón de los demás? ¿Y cuando somos nosotros los que perdonamos? El mundo de los actos que realizamos es el universo de la moral; de lo que está bien hecho y de lo que nos empobrece. Porque cuando actuamos mal estamos esclavizados. Dios quiere que nos liberemos de esa esclavitud y nos muestra que Él nos creó por amor y que debemos permanecer en ese amor. En esta unidad vamos a reflexionar sobre estos temas y también vamos a conocer las enseñanzas que nos transmite el relato bíblico del pecado original.

Si Dios creó el mundo y «vio que era bueno", ¿por qué existe el dolor y la muerte?

Algunas veces vivimos nuestras vidas encadenados, sin saber que nosotros tenemos la llave.

La fe da la certeza de que Dios no permitiría el mal si no hiciera salir el bien del mal mismo.

1 ¿Qué realidades reflejan estas imágenes?

2 ¿Qué quiere decir «vivir encadenado"?

3 ¿Cuál crees que es la «llave» que nos libera de esta esclavitud?

01 Nos caemos para levantarnos

«¿Por qué nos caemos? Para aprender a levantarnos». Esta frase es de una película de Batman y nos sirve muy bien como punto de partida para esta unidad en la que vamos a trabajar sobre dos experiencias vitales de las personas: la caída (el pecado) y el levantarse (el perdón). Y lo vamos a hacer teniendo muy en cuenta y bien presente lo aprendido en la lección anterior a propósito del sentido de la vida. Si somos capaces de enfocar este problema del pecado adecuadamente, descubriremos el potencial de vida y sentido tan grande que hay en él. Entonces nos comprenderemos mejor a nosotros mismos y comprenderemos mejor a las personas cuando también se equivocan. Es este el momento en el que responderemos mejor a nuestros miedos, angustias y fracasos y acompañaremos mejor los de los demás. Entonces seremos más compasivos y misericordiosos.

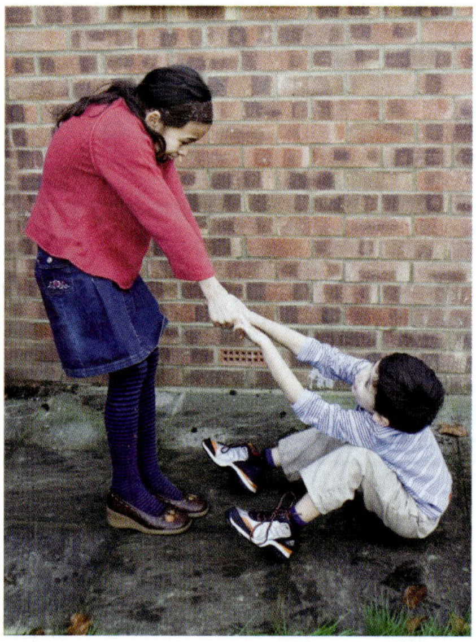

Para ello vamos a estudiar con atención el relato de la Biblia acerca de la creación del hombre y la mujer y de su expulsión del paraíso (Gn 2,4b-3,24). Este relato se encuentra enmarcado al comienzo del libro del Génesis, en una sección dedicada a mostrar cuál es el sentido de la vida del ser humano en nuestro mundo y en nuestra historia (Gn 1-11). Son once capítulos compuestos a base de narraciones y elementos simbólicos múltiples tomados de tradiciones de su entorno cultural (especialmente de Mesopotamia).

Se dividen estos capítulos en tres desiguales secciones:

1. Los principios del mundo y del hombre (Gn 1-2): Dios al mundo y al hombre por el amor infinito que tiene en sí mismo.

2) La violencia es fruto del pecado (Gn 3-5): el hombre se deja tentar por el pecado y la violencia le llena de angustia; pero si quiere, puede vencerlo.

3) El relato del diluvio (Gn 6-9): el poder de Dios es total, capaz de destruir todo lo creado y volverlo a reconstruir. El pacto con el hombre es definitivo.

4) Las naciones (Gn 10-11): Los hombres deciden no aceptar el pacto con Dios y quieren ser como Él.

ACTIVIDADES

1 Describe tres experiencias personales de caída y levantamiento que recuerdes con especial fuerza.

2 En grupo, preparad una presentación contando alguno de los momentos de violencia y conflicto que aparecen en Gn 4-11.

3 Jesús nos dejó grandes ejemplos de situaciones de caída que ayuda a levantarse. ¿Podrías señalar alguno?

02 De barro y espíritu (Gn 2,4b-7)

> «Entonces el Señor Dios modeló al hombre del polvo del suelo e insufló en su nariz aliento de vida; y el hombre se convirtió en ser vivo».

Estamos ante la condición real del ser humano: somos corporales y **finitos*** («polvo del suelo»), pero a la vez somos espirituales y llamados a la eternidad («aliento de vida»). En cualquier caso existimos porque otro nos ha dado la vida. Hubo una vez un mundo donde no fuimos, éramos la nada, la no existencia, el no nacimiento y habrá un día en que dejaremos de ser del mundo («no había hombre»).

Evidentemente, en el texto bíblico no se trata del origen histórico de la especie humana. El autor nos plantea una pregunta: ¿por qué existimos? Porque podríamos no haber existido: «cuando Dios iba a crear cielo y tierra no había aún hombres sobre la tierra...». (Gn 2,4b-5). Solo Dios es absolutamente necesario. Solo el ser humano se da cuenta de que él es absolutamente **prescindible***.

El relato nos presenta al ser humano como una realidad abierta, abierta a la vida en un mundo hecho a su medida y para su disfrute (Gn 2,8-9.18-22). Pero además en esa vida se nos invita abrirnos a un proyecto de vida, a una vocación –podríamos decir–. La persona así constituida tendrá que poner en juego toda su inteligencia –razón, afecto y voluntad– para no malograr su existencia perdiendo el centro de su vida. Esto es lo que el autor bíblico pretende expresar con la prohibición de comer del árbol del bien y del mal (Gn 2,17).

Las personas tenemos que aprender que la vida puede ser extraordinaria si mantenemos el contacto con Dios, si no cortamos ese canal que nos hace vivir. Aquí está la gracia y el riesgo de nuestra libertad. Podemos apropiarnos la posibilidad de vida ofrecida por Dios o la posibilidad de vida ofrecida por la serpiente.

En conclusión, Dios ha creado al hombre y a la mujer de la nada y para ser el todo. Ambos tienen el don del amor que Dios les ha manifestado en el propio acto de la creación y también tienen la tarea de corresponder a todo lo que Dios les ha dado en el Paraíso. Sin embargo, se dejan vencer por la serpiente y la ambición rompe el pacto con Dios.

El sueño de Jacob, de José de Ribera.

*

Finitos: que tenemos fin, que nuestra vida se acaba o termina.

Prescindible: no necesario.

Las ideas de Pitt Ágoras

La filósofa y santa **Edith Stein** escribe en su principal obra filosófica *Ser finito y ser eterno* acerca de esta misteriosa unidad del ser humano hecho de barro y aliento divino y de la relación de este con Dios, siendo el mejor ejemplo Jesús, verdadero hombre, verdadero Dios: «Ahí está, en efecto, el sentido del ser humano: en el hecho de que el cielo y la tierra, Dios y la creación se desposan en él… No se puede concebir una unión más estrecha ni más fuerte de naturalezas separadas como la que se realizó en una persona por la encarnación del Verbo».

ACTIVIDADES

4 La creación ha sido uno de los aspectos más representados en el arte. En grupo se puede realizar una presentación de diapositivas en el que con un relato cronológico se presenten al resto de la clase las obras fundamentales sobre la creación del hombre.

5 Dios manifiesta todo su amor en la creación del hombre ¿Podrías señalar en qué gestos se puede encontrar esta manifestación?

6 Según lo aprendido hasta ahora lee Gen 2 y señala cuáles son las ideas fundamentales del relato.

03 Rompiendo amarras con el Creador (Gn 2,8-3,24)

> «El Señor Dios lo expulsó del jardín de Edén(...) echó al hombre, y a oriente del jardín de Edén colocó a los querubines y una espada llameante que brillaba, para cerrar el camino del árbol de la vida».

3.1. ¡Esto es un Paraíso!

Convirtámonos en Adán y Eva por un instante. Desde el comienzo de la vida, Dios nos ha regalado un mundo. Nos sentimos arraigados a un mundo idílico. Somos Adán, somos Eva. Tenemos cuanto necesitamos para alcanzar la plenitud de nuestra vida. Lo hemos recibido de Dios.

3.2. El tiempo de la prueba

Algo aparece en nuestro horizonte que nos tienta y nos pone a prueba. De verdad que Dios quiere mi felicidad? «¿Conque Dios os ha dicho que no comáis?... No, no moriréis» (Gn 3,1.4). Entonces olvidamos quién es el centro de nuestra vida, olvidamos que los planes de Dios son buenos.

La estrategia de la serpiente parece que está clara. Quiere hacernos sentir que Dios ha creado todo cuanto hay en el mundo para que no podamos disfrutar de lo mejor que hay en él: el árbol del bien y del mal. Casi sin darnos cuenta consigue enredarnos con tanta eficacia que cuanto más nos convencemos en que nos estamos esforzando en ser buenos es cuando más caemos en lo que no queríamos (Rom 7,15-21).

¿Cómo entra el mal en el mundo? Cuando las personas nos dejamos convencer que Dios no es un fundamento bueno y verdadero de este mundo. Cuando este vínculo se rompe, entonces el hombre cae en la angustia, en el olvido de sí... Esto es pecado original, el famoso «a más Dios menos hombre» o «es preciso que el hombre decrezca para que Dios crezca...». Ante esta situación hay que responder con **san Ireneo de León***: «la gloria de Dios es la vida del hombre». Es decir, a más Dios, más hombre.

*

San Ireneo de Lyon (130-202 aprox.): obispo de Lyon, aunque natural de Esmirna (Asia Menor), uno de los primeros escritores cristianos.

La ventana interreligiosa

Figuraciones del paraíso

En el Islam, los musulmanes esperan alcanzar, tras la muerte, el paraíso reservado a los bienaventurados. Se trata de un jardín de la felicidad con ocho puertas y cuatro ríos donde los salvados, bien paseando, bien recostados en divanes, disfrutan del descanso eterno escuchando deliciosas melodías, bebiendo licores que no emborrachan, acompañados de hermosas mujeres de bellos ojos (*El Corán 37,40-49*).

ACTIVIDADES

7 En la película *La pasión* de Mel Gibson, en la escena en la que Jesús está orando en el huerto de los olivos, aparece una serpiente merodeando a Jesús a la que Jesús acaba por pisar la cabeza ¿Podrías encontrar un paralelismo entre esta serpiente y la que aparece relatada en el libro del Génesis?

8 ¿Qué hubieran demostrado Adán y Eva si hubiesen obedecido?

9 ¿Qué supuso para la humanidad la ambición de Adán y Eva?

3.3. La caída

¿Qué pasa si perdemos la confianza en quien nos ha dado la vida? El dolor, el sufrimiento y la muerte como castigo, son el resultado de descubrir que hemos vivido una vida sin sentido, que nuestro vivir fue en vano. La muerte como castigo es el miedo a no haber sabido afrontar la vida adecuadamente.

Hay que profundizar en el simbolismo de la serpiente. Leed ahora cuidadosamente y con detalle el diálogo que mantiene con la mujer (Gn 3,2-5). Con su pregunta, la serpiente siembra la duda sobre la bondad del plan de Dios, sobre la bondad de Dios mismo.

¿Qué nos pasa cuando alguien, o nosotros mismos, cuestionamos a Dios en nuestra vida? ¡Dios se convierte en una amenaza! El hombre, entonces, tiene miedo de Dios. Y comienza a tener miedo de sí mismo. Y miedo de los demás. Y, de pronto, ya no vemos otra cosa en el mundo que el árbol prohibido del paraíso. Ya todo mi mundo es lo prohibido, lo que me absorbe, lo que me atrapa. Lo que me tiene ocupado y preocupado es lo que Dios incomprensiblemente me prohíbe. Este es el momento en que la serpiente gana.

Adán y Eva expulsados del Paraíso.

3.4. Expulsados del Paraíso

El resultado final de apropiarnos la posibilidad de desobedecer a Dios ha sido el que todos somos Adán y Eva. ¿En qué sentido? Al menos en tres:

1. En el de que todos hemos pecado y hemos abandonado el Paraíso en donde nos puso Dios: pecado es desobediencia (dejar de escuchar la voz de Dios), pecado es mentira (hablar mal de Dios), pecado es envidia (querer para mí lo que es de Dios), pecado es violencia (querer apropiarme lo que es de otro).
2. En el de que todos somos responsables de lo que lo somos y hacemos, todos somos protagonistas de nuestra historia y de la parcela del mundo donde vivimos, todos estamos convocados a salvar nuestra vida, salvando la vida de mi mundo que me rodea.
3. En el de que todos podemos seguir sintiendo que Dios nos anima a hacer del destierro un itinerario de vida nueva, todos hemos elegido abandonar al Paraíso y desde esa misma libertad podremos reconquistarlo al final de nuestra vida. La vida se nos aparece como una enorme y apasionante tarea: hacer del mundo un paraíso.

Pecado original: es el pecado con el que todo hombre viene al mundo después de la desobediencia que Adán y Eva realizaron a Dios en el Paraíso.

¿Alguna duda?

¿Podríamos decir que el pecado original es como una enfermedad genética?

Si entendemos como enfermedad genética algo que se transmite a miembros de una misma familia desde el mismo momento de nuestro nacimiento podíamos decir que el paralelismo es bastante acorde. La humanidad sería como una gran familia y a Adán y Eva como los padres. Sin embargo, no debemos olvidar el carácter simbólico del relato y que el mismo Dios nos salvó entregando a su hijo Jesús en la cruz.

ACTIVIDADES

10 Elabora un mural con ejemplos de situaciones en las que observas que nuestro mundo ha cerrado los ojos, los oídos y el corazón al sufrimiento de los seres humanos.

11 Anota en tu cuaderno y comenta en clase esta afirmación de Óscar Romero: «Pecado es aquello que dio muerte al Hijo de Dios, y pecado sigue siendo aquello que da muerte a los hijos de Dios».

04 Restableciendo los lazos rotos: el perdón

Es una realidad que el mundo vive en conflicto. Todo funciona en una oleada de ataque y defensa, una cadena de lucha y venganza. El mundo crea sufrimiento, venganza y terror en una repetitiva y absurda de luchas, ataques, defensas, odios y culpas. ¿Qué puede parar esto? Únicamente el perdón.

¿Cuál es el significado del perdón? Se ha definido de diferentes formas: olvidar, aceptar acciones, arreglar la relación con el ofensor, olvidar lo ocurrido, lo previo a la reconciliación… ¿Cuál de ellas es la correcta?

1. El hecho de perdonar supone un **cambio en la percepción** sobre lo que me sucede a mí, sobre lo que sucede en mi mundo y sobre lo que le sucede a los demás. Perdonar no significa exclusivamente analizar comportamientos, es algo mucho más profundo, que nos provoca una progresiva liberación de aquello que nos oprime, del sentimiento de culpa, miedo, rabia o dolor y nos conduce de una manera progresiva a una situación de paz profunda.

2. Perdonar no significa que estemos aprobando o siendo permisivos con el mal causado, ni es tampoco hacer creer que es justo lo que no es. Es mirar a esa persona **con amor** y aplicar todo lo que de significado tiene esa palabra. Quien no perdona, jamás podrá amar.

3. El verdadero perdón puede liberar y superar el pasado, viviendo un camino de amor, librando del sufrimiento, renovando las relaciones y permitiendo nuevas oportunidades de **reconciliación** con las personas a quienes hemos ofendido. Quien no perdona se castiga a sí mismo haciéndose esclavo de rencores y resentimientos, aislando a la persona por no poder expresar libremente lo que le está carcomiendo por dentro y le va matando lentamente. En la cruz, Cristo dijo: «Padre, perdónalos porque no saben lo que hacen» (Lc 23,34), por lo tanto, la manera más eficaz para lograr liberarnos es acudiendo a quienes hemos ofendido pidiendo perdón, perdonando y buscando el perdón de Dios. Recibiendo el perdón podremos amar con libertad. Al perdonar estamos demostrando al otro que se le ama, que él no es así, que es una gran persona que también puede ayudar a ser más felices a los demás.

Un poquito de cine por favor

En un mundo mejor

Anton es médico y divide su tiempo entre una pequeña ciudad en Dinamarca y su trabajo en un campo de refugiados en África. En estos dos mundos tan diferentes, él y su familia se enfrentan a conflictos que les empujan a escoger entre la venganza y el perdón. Anton y su esposa tienen dos hijos y dificultades en su relación. El mayor de sus hijos sufre el constante acoso de unos compañeros hasta que un nuevo compañero le defiende. La amistad, la incomunicación, la actitud ante la violencia, el perdón… forman parte de esta historia.

ACTIVIDADES

12 En el punto anterior hemos destacado diferentes versiones de lo que es el perdón, pon un ejemplo de cada una de ellas.

13 Observa la imagen de esta página. ¿Qué significado tiene la cadena? ¿Qué consigue si se suelta? ¿Podría vivir encadenado siempre?

14 En Lc 23,34 Jesús perdona públicamente a sus verdugos. Es un gesto de alabanza pero que nuestra sociedad no practica con asiduidad ¿Por qué pensáis que es así? ¿Cuál sería el remedio?

05 Abriendo puertas, cerrando heridas

5.1. El perdón es más fuerte que el pecado (Rom 5,12-21)

La historia de la humanidad no está definitivamente **lastrada*** por el pecado. La vida entera de la humanidad ha quedado rotundamente liberada por el amor. La desobediencia de Adán y Eva, que podría haber encerrado al hombre en sus pecados, ha quedado felizmente derrotada por la humildad de Cristo. Esto es lo que explica el apóstol san Pablo en este fragmento de la carta a los cristianos de Roma: «lo mismo que por un hombre entró el pecado en el mundo (...) la gracia de Dios y el don otorgado en virtud de un hombre, Jesucristo, se han desbordado sobre todos» (Rom 5,12.15).

El pecado del ser humano es desobediencia de Dios que conduce a la condenación y la muerte; el perdón de Cristo trae la absolución y orienta hacia la vida plena. Jesús rompe los esquemas de la lógica del mal con su lógica de la generosidad.

Árbol de la vida, de Klimt .

Lastrada: arrastrada, llevada.

5.2. El árbol de la vida (Ap 22,2)

Lo que en las primeras páginas de la Biblia aparecía como una situación definitivamente perdida, se vuelve canto de alegría y esperanza en el último de los libros de la Sagrada Escritura. El colofón del libro del Apocalipsis consiste en la descripción de la nueva ciudad de Jerusalén. Esta nueva Jerusalén es la feliz expresión simbólica y teológica del sueño de Dios sobre toda la humanidad: un mundo de paz perpetua.

Aquello que Dios soñó en el amanecer del mundo llegará a su pleno cumplimiento cuando la humanidad realice finalmente sus sueños de vida feliz. El sueño de Dios se cumple en los sueños de todos los hombres y mujeres del mundo que han recreado en sus historias el ideal de vida del paraíso perdido.

Por tanto, la Salvación ofrecida por Dios a todas las personas en el proyecto original de creación que quedó truncada a causa del pecado de Adán y Eva, queda ahora perpetuamente restablecida: todas las naciones tienen nuevamente acceso al árbol de la vida para comer sus frutos.

La información del Mac-abeo

¿Por qué el pecado de Adán afecta a todos las personas?

Todas las personas somos responsables ante Dios de la culpa de Adán y estamos necesitadas de la acción liberadora de Cristo para salir de la esclavitud del pecado. Para Pablo hay una especie de «solidaridad» del pecado porque, desde nuestra entrada en el mundo, aun antes de haber podido realizar acción mala alguna, ya estamos condicionados por el mal realizado a lo largo de toda la historia. Desde que hay mal en el mundo, nacemos en un mundo con tendencias hacia el bien y hacia el mal. Esto es lo que significa el pecado de Adán. Por eso, todos necesitamos que esa fuerza originaria pueda ser derrotada para que el mal no domine nuestra existencia. Esto es lo que significa la acción liberadora de la Salvación de Cristo.

ACTIVIDADES

15 Organizad un debate en el aula sobre este tema: ¿cómo hay pecado en el mundo que Dios ha creado, si todo lo creó fue bueno?

16 Anota en tu cuaderno los parecidos que hay entre el relato del Apocalipsis y la descripción del paraíso de Gn 2,4-10 y Ez 47,1-12.

17 Lee el pasaje de Jn 15,1-11. ¿Qué quiere decir dar fruto? ¿Qué hay que hacer para dar fruto? ¿Qué relación hay entre el dar fruto del evangelio de Juan y el dar fruto del texto del Apocalipsis?

Y ADEMÁS HOY...

El paraíso perdido de John Milton

Una imagen típica para aludir a la experiencia del mal es la de **la caída**. Caída entendida como castigo debido a la soberbia, ostentación o arrogancia. El relato más conocido, tal vez, sea el de Ícaro, quien desobedeciendo a su padre, Dédalo, voló tan alto que el sol derritió la cera con la que tenía pegadas las alas a su cuerpo y cayó al mar, donde murió. Es también el caso del relato de Adán y Eva han caído en la tentación de desobedecer a Dios y han sido expulsados del paraíso.

En el ámbito de la literatura, el tema ha sido tratado por autores como Pedro Calderón de la Barca en su obra *El gran teatro del mundo* donde plantea el asunto de la creación y caída del hombre, claramente inspirado en el relato bíblico. También ha sido el motivo literario de un contemporáneo suyo, el escritor inglés **John Milton** en su obra maestra *El paraíso perdido*.

John Milton publicó en 1667 *El Paraíso perdido.*

John Milton (Londres, 1608-1674) consiguió exponer el tema del pecado y la caída del ser humano en una composición de especial belleza. En esta obra la gran pérdida experimentada por el hombre resulta especialmente trágica por cuanto no se debe tanto a la culpa de desobediencia de Adán sino a la victoria momentánea del tentador. La presentación que hace Milton de Satanás es impresionante: es un personaje atractivo, que sabe cómo captar tu atención y atraerte y arrastrarte hasta apoderarse de tu voluntad... siempre por algún buen motivo.

Así comienza este extraordinario poema: «Este primer libro contiene, en breves palabras, la exposición o asunto de todo el poema: la desobediencia del hombre; y como consecuencia de ella, la pérdida del paraíso donde moraba. Indícase también que el primer móvil de su caída fue la serpiente o más bien Satanás, personificado en ella».

Hoy en día se sigue arruinando la felicidad y las posibilidades de vida digna de muchos millones de personas en la tierra. Y, del mismo modo que el hombre caído de Milton, la esperanza hay que depositarla en cuantos decidan esforzarse por hacer de este mundo un paraíso.

ACTIVIDADES

18 Busca información sobre el autor de *El Paraíso perdido* y haz una presentación en clase con sus datos biográficos más relevantes.

19 Trabajo en grupo: proyecto de transformación. Observad la pintura de El Bosco de *El Jardín de las delicias*. Describid cómo representa el Paraíso y el Infierno. Elegid un *Infierno* de este mundo y elaborad un proyecto de transformación que convierta sus vidas en un Paraíso. Seguid estos pasos: 1) descripción de la situación; 2) análisis de las causas; 3) estrategias de cambio; 4) revisión del proyecto.

León Tolstoi (1828-1910)

Este genial escritor ruso es autor de libros tan destacados y conocidos como *Guerra y Paz* y *Ana Karenina*. Sin embargo, no es tan conocida su obra posterior a 1878, año en el que la vida de Tolstoi va a dar un vuelco muy significativo. Esta transformación se produce después de una gran crisis personal que padece, precisamente cuando parecía que mejor le iba en la vida. Una caída en la depresión y el sinsentido y un alzarse como hombre nuevo comprometido con la justicia en favor de los más desfavorecidos de su sociedad. Una transformación debida al encuentro con Jesús y su Evangelio.

Esta renovación le conduce a sustituir su excelencia literaria describiendo las guerras entre Rusia y Francia o la vida de la aristocracia en la Rusia de los zares por otra excelencia literaria y solidaria en la que los temas tratados y los compromisos adquiridos son la educación y salud de los campesinos y los trabajadores más pobres. La narración de estos acontecimientos vividos por Tolstoi se pueden leer en su libro *Mi confesión* (1882).

Tolstoi compartirá muchos momentos de oración con estos pobres campesinos. Los querrá, los comprenderá. Les animará a trabajar y a sacrificarse en contra de la injusticia y los abusos. Pero todo con un estilo peculiar: el del evangelio de Jesús. Y esto implica denunciar la injusticia y construir el Reino de Dios desde la **no violencia***, el perdón y la misericordia:

La alternativa evangélica que proclama Tolstoi en un libro de título tan emblemático como es el de *Resurrección* (1899) consiste en caminar en la sencillez de vida propuesta por Jesús en el Evangelio. Una sencillez que afecta al propio modo de vivir la vida y al modo de organizar la vida de la sociedad.

- Los mensajes del Evangelio más repetidos por él son amar a los demás como a uno mismo, no devolver mal por mal, dar más de lo que te piden.
- Es mensajero de paz, alegría y vida y no portavoz de calamidades y desgracias.

> «Pienso que precisamente ahora está comenzando aquella gran revolución que se estaba preparando desde hace dos mil años... Nos hallamos ante el umbral de una vida nueva... Para alcanzarla solo hay que liberarse de la superstición de que es necesaria la violencia, y aceptar en cambio el eterno principio del amor».

León Tóstoi fue un escritor ruso de innovadoras ideas.

ACTIVIDADES

20 Entra en http://www.publico.es/culturas/tolstoi-maestro-gandhi.html y descubre las características de la relación entre Tolstoi y Gandhi.

21 Organizad un video fórum en el aula con la película La última estación donde se narra el final de la vida de Tolstoi. Organizad posteriormente un debate sobre la importancia y representatividad de este personaje.

> Entre los seguidores de este profeta pacifista que fue Tolstoi se encuentra Gandhi. Cuando todavía era un joven abogado leía con asiduidad sus escritos manifestándose plenamente de acuerdo con su programa de justicia y paz.

Miserere (Salmo 51,3-19)

El libro de los Salmos es una colección de 150 textos compuestos a lo largo de muchos años. Reunidos y organizados en un único libro, se caracterizan por ofrecer una extraordinaria visión de la interioridad de las personas en una infinidad de circunstancias y avatares personales y sociales. Son, tal vez, la mejor escuela de vida interior y espiritualidad.

> Lee atentamente el texto. Esta es la oración de un penitente. De alguien que ha sentido la fractura en sus entrañas. Alguien que ha saboreado que Dios no es un juez que condena, sino que Dios es un corazón que perdona.

En esta oración has escuchado, por un lado, la confesión de una infidelidad, de la ruptura de una confianza ganada en largo tiempo de amistad y compromiso (Sal 51,6). Pero también has asistido a una humilde petición de ayuda para reconstruir la fractura y restaurar las grietas que aparecieron tras la deslealtad (Sal 51,13).

> Anota qué palabras emplea el salmista para referirse a su mala acción realizada. Y ahora, qué verbos emplea para pedirle a Dios que quite de él los efectos de este mal proceder.

¿Has visto que esta persona es capaz de reconocer que se ha equivocado (Sal 51,5)? Más aún, reconoce que es así de débil de manera habitual, que con frecuencia falla (Sal 51,7). Que el pecado forma parte de él de modo constitutivo y estructural.

Esta actividad que realiza el salmista de ir adentrándote hacia su interior, cuenta con un colaborador de lo más especial: el mismo Dios. Él desea para el hombre que adquiera sensatez y sea sincero. Y Dios trabaja en la intimidad de la persona para que adquiera esa sensatez descubriendo, reconociendo y confesando su pecado (Sal 51,5-6)

Si la primera parte del Salmo (Sal 51,3-11) expone la caída del hombre debida a su infidelidad con Dios, en esta segunda (Sal 51,12-19) aparece el deseo del orante de que Dios haga de él una criatura nueva.¿Quién puede hacer semejante cosa?, ¿quién puede crear algo nuevo de algo viejo?, ¿quién puede poner belleza donde hay fealdad? (Job 14,4).

> Anota los sentimientos manifestados por el salmista hasta este momento. En esta situación anímica en la que se encuentra, tiene todo el sentido del mundo la súplica de Sal 51,12: «Oh Dios, crea en mí un corazón puro, renuévame por dentro». Recordando el texto de Gn 1, el orante de este salmo se lo pide a Dios, porque sabe que él solo no puede. Acude a Dios, al Espíritu que, al igual que al inicio de la creación del mundo «se cernía sobre la faz de las aguas» (Gn 1,2), ahora asiste al caos de su mundo interior.

Instituto para la sanación de la memoria

La historia de esta institución es, en buena medida, la de **Michael Lapsley**, un sacerdote anglicano que en el año 1990 sufrió un atentado con carta bomba. Perdió ambas manos y la visión de un ojo. El contexto de tan brutal acción hay que situarlo en la Sudáfrica del ***apartheid****, durante la segunda mitad del siglo XX. Esta historia de violencia tocó a su fin en la década de los años 90, al abolir las leyes racistas..

Michael Lapsley se había opuesto frontalmente al régimen racista del *apartheid*. Y como consecuencia de su compromiso con esta causa sufrió este atentado. Recuperándose de sus heridas tuvo ocasión de conocer la experiencia de muchas personas que, como él, habían sido atacadas, heridas y lastimadasfísica, emocional y espiritualmente. De esta experiencia nace en él la necesidad de crear espacios donde las personas puedan contar sus traumáticas experiencias y reconstruir su vida en paz y reconciliados con su historia.

De estas vivencias nacen los *Talleres para la sanación de la memoria*. La finalidad de estos talleres es facilitar la reconciliación entre los diferentes grupos raciales mediante la sanación de las heridas emocionales ocasionadas por el *apartheid*, con el fin de que las personas puedan contribuir positivamente a la reconstrucción de Sudáfrica. A partir de esta experiencia, los talleres se han ido ampliando a otros lugares del mundo (Ruanda, Sri Lanka) y a otros problemas de tipo no racial (trata de blancas, maltrato a mujeres...). Son testimonio de la llamada a la reconciliación entre los pueblos de que se hace eco el apóstol Pablo en Ef 2,11-22.

¿Cómo se lleva a cabo este trabajo? Así es como lo explican: «Para llevar a cabo nuestros objetivos ofrecemos talleres, seminarios y charlas sobre sanación de la memoria. Utilizamos este aprendizaje y experiencia para desarrollar métodos y procesos para hacer frente a las emociones potencialmente destructivas tales como la ira, el odio, la culpa y por hacer posible la reconciliación y el perdón. Pretende ser un procedimiento respetuoso con la diversidad de personas, culturas y creencias. Nuestro trabajo se basa en algunos principios básicos: creemos que todas las personas son seres espirituales y de valor infinito; que comparten la responsabilidad por el pasado y para la formación del futuro; que son capaces de ser a la vez víctima y victimario; y que deben enfrentar la historia y enfrentarse a sí mismos».

*

Apartheid: estado de discriminación racial, segregación y violencia hacia la población negra sufrido en Sudáfrica durante la segunda mitad del siglo XX.

Michael Lapsley.

ACTIVIDADES

22 Infórmate sobre la historia del *apartheid* en Sudáfrica. Destaca la aportación de Nelson Mandela en el proceso de reconstrucción de la convivencia en el país.

23 Busca en internet algún testimonio de Michael Lapsley y haz un resumen de su experiencia.

SÍNTESIS

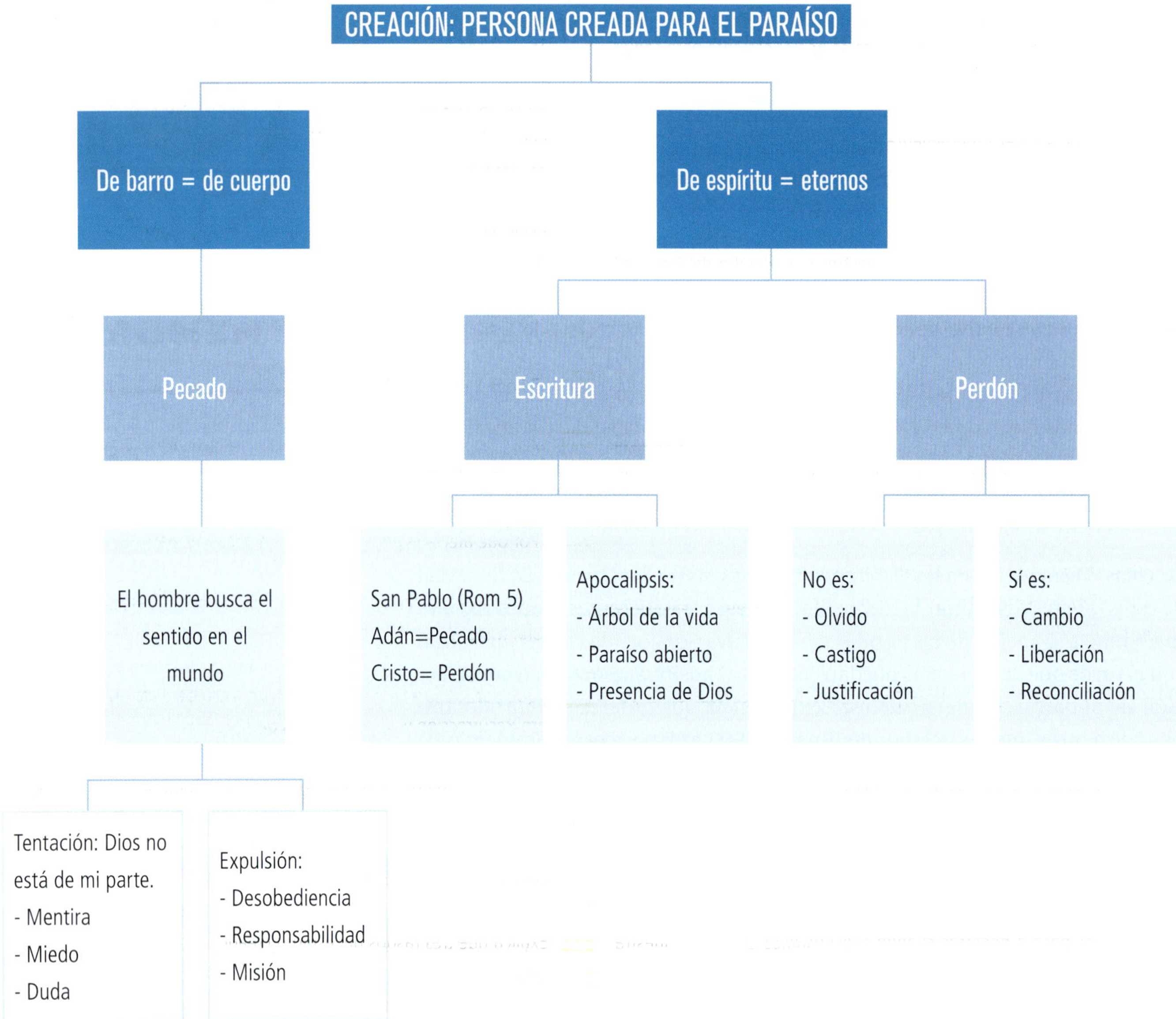

Fuentes

«La antropología teológica como cristología incoada. Relación entre Dios y el hombre según J. L. Ruiz de la Peña», Salmanticensis 55 (2008), pp 501-517.

J.L. Ruiz de la Peña, *Imagen de Dios: Antropología teológica Fundamental*, Santander, 1988.

También:

http://www.es.catholic.net

www.Biblija.net

ACTIVIDADES DE EVALUACIÓN

1 ¿Cuál sería el equivalente cristiano al hecho de caerse en determinadas circunstancias de la vida y levantarse posteriormente para seguir adelante?

2 ¿Cuáles son las ideas fundamentales de Gn 2

3 ¿Qué significa que Dios nos creo con polvo del suelo y aliento de vida?

4 ¿Cuál es el asunto que pone ante nuestros ojos el autor del Génesis?

5 ¿Cómo presenta al ser humano este relato?

6 ¿Qué sucede si las personas cortamos el contacto con Dios?

7 Busca el texto del Corán donde se describe cómo es el paraíso para los musulmanes, cópialo en el cuaderno y destaca los parecidos y diferencias con el cielo de los cristianos.

8 ¿Qué queremos decir cuando afirmamos que Adán y Eva somos todos? Razona los tres sentidos de esta afirmación según lo explicado en la unidad.

9 ¿Cuál es la estrategia de la serpiente para hacernos caer en el pecado?

10 ¿Cómo definiríamos el pecado original?

11 ¿Cuál es el resultado de descubrir que hemos vivido una vida sin sentido, que nuestro vivir fue en vano?

12 ¿Qué nos pasa a nosotros cuando cuestionamos a Dios en nuestra vida?

13 ¿Qué quiere decir la frase de Ireneo de León «la gloria de Dios es la vida del hombre»?

14 Completa el texto siguiente con las palabras que proponemos: castigo, bíblico, vano, afrontar, muerte, miedo, dolor, vida sin sentido.

El .... , el sufrimiento y .... como .... , a que alude el relato .... (Gn 3,16-19), son el resultado de descubrir que hemos vivido una .... , que nuestro vivir fue en .... La muerte como castigo es el .... a no haber sabido .... la vida adecuadamente.

15 Según lo estudiado en la unidad, ¿podrías realizar una definición de perdón?

16 El hecho de perdonar proporciona una serie de cambios en la persona, ¿cuáles son?

17 En Lc 15,11-32 se narra la parábola del hijo pródigo. ¿De todos los personajes que aparecen quién representa el verdadero significado del perdón?

18 Explica el significado de la afirmación «el perdón es más fuerte que el pecado».

19 ¿Cuál es el objetivo del libro del Apocalipsis?

20 ¿Dónde se cumple el sueño de Dios?

21 ¿Cómo queda la Salvación de Dios restablecida después del pecado de Adán y Eva?

22 ¿Por qué afecta el pecado de Adán a todas las personas?

23 ¿Quién es el personaje fundamental de la obra *El paraíso perdido* de John Milton?

24 ¿Qué parecidos encuentras entre los temas que trata Tolstoi en su libro Resurrección y las enseñanzas de Jesús?

25 Explica por qué se conoce al salmo 51 con el nombre de Miserere.

26 Descubre la importancia del concepto «sanación de la memoria» en la experiencia de vida de Michael Lapsley.

27 Explica qué tres rasgos del espíritu creador describe el salmista en la sección bíblica.

28 Describe cómo surgió el Instituto para la sanación de la memoria.

29 ¿Por qué la caída es una imagen mítica para hablar del pecado? Pon algún ejemplo literario.

30 Señala qué relación con el tema que hemos visto tiene cada uno de estos elementos y explícala.

a. El Paraíso.

b. La caída.

c. El perdón.

d. La serpiente.

e. La Salvación

f. El árbol de la vida.

03 Ser cristiano tiene sus consecuencias. La moral de la persona

¿Qué he de hacer? ¿Qué decisión tomar? ¿Cómo hacer las cosas bien?

En esta unidad te invitamos a conocer los principios de la moral cristiana, a descubrir el ejemplo de Jesús y de tantos seguidores suyos que han hecho posible, con su forma de vida y su compromiso, un mundo mejor.

Es muy importante meditar nuestras decisiones.

En todos los ámbitos de la sociedad hay normas que organizan las relaciones entre las personas.

Más allá del cumplimiento de las normas está nuestro compromiso social, nuestra respuesta a las necesidades de los demás.

La libertad es una cuestión de voluntad.

1 ¿Qué es la moral?

2 ¿Por qué son necesarias las normas?

3 ¿Qué es el compromiso social?

4 ¿Somos libres? ¿Libres para qué?

01 ¡Échale moral a la vida!

Vamos a comenzar a darle forma a la propuesta de sentido y de felicidad que Dios nos ha brindado desde el proyecto de su creación: vivir eligiendo hacer de este mundo un paraíso.

Seguro que todos hemos tenido ya la experiencia de lo que supone saltarse alguna norma. Las consecuencias que nuestro comportamiento ha tenido van a depender de dos cosas: la primera, si «nos han pillado» o no; la segunda, el castigo o la sanción que acarrea nuestra falta. Si no hubiera normas que regularan el comportamiento de las personas, este mundo sería un caos absoluto.

Pero, ¿es suficiente saber qué es lo que tengo que hacer para hacerlo? Más aún, ¿basta con saber qué es lo que está prohibido para no hacerlo? Por último, ¿es el miedo al castigo lo más importante para que mi comportamiento sea el que tiene que ser? El «no» debería ser la respuesta.

¿A qué te comprometes?

La Biblia lo tiene muy claro. Ya lo habéis visto en los temas anteriores. Es claro, clarísimo. Si quieres vivir la vida «a tope» al estilo de Jesús, hay que que aceptar libremente vivir en obediencia a Dios que ha puesto nuestra vida en nuestras propias manos. Y que:

- No se trata de vivir para cumplir normas y mandamientos. Se trata de estar de parte de Dios que es alegría y vida plena. Se trata de estar de parte de la vida que brota del árbol del paraíso.
- La plenitud de la vida para la que Dios nos ha creado consiste en construir un corazón habituado al bien, a la ternura y a la compasión.
- No es bastante con «saber» qué hay que hacer o qué está prohibido para hacer lo que Dios quiere, sino que hay que querer hacerlo: «no saber lo que Dios quiere, sino querer lo que Dios hace».

ACTIVIDADES

1 Escribe en tu cuaderno una experiencia que hayas tenido de no cumplir con las normas. Ahora contesta a estas preguntas: ¿sabías que no lo tenías que hacer?, ¿sabías que estaba expresamente prohibido hacerlo?, ¿pensaste no hacerlo por si te pillaban?, ¿por qué lo hiciste?, ¿cómo podrías haber evitado hacerlo?

2 Lee Jer 31,31-33. ¿Qué tiene que ver lo que dice el profeta con lo que hemos dicho más arriba sobre los hábitos de corazón?

3 Busca en la Biblia y lee Ex 19,16-21. 24,12-17 (Moisés y el pueblo se preparan para recibir los 10 mandamientos) y luego busca y lee Mt 4,23-5,12 (Jesús y la gente se preparan para recibir las 9 bienaventuranzas). ¿Qué diferencias hay entre ambas escenas?

La información del Mac-abeo

Probablemente hayamos oído en alguna ocasión las palabras «educar en valores», pero ¿qué significa eso? El valor es aquella cualidad que tienen las cosas, o las situaciones, que permite que las veamos como buenas o malas. Por lo tanto educar en valores es aprender a calificar esas cosas o situaciones. Esos valores pueden ser religiosos (sagrado, santo…), morales (bondad, sinceridad, maldad…) espirituales (justo, verdadero, feo…), vitales (salud, alegría, enfermedad…) y útiles (caro, práctico, inservible…).

02 Una religión y una moral al servicio de la vida

Una de las conclusiones a las que hemos llegado es que el comportamiento concreto de las personas indica si nos estamos tomando en serio la fe que tenemos y que celebramos (Sant 2,14-26). Pero no hay que olvidar que somos personas. Es decir, que a pesar de querer hacer las cosas con buena intención y para agradar a Dios y ayudar a los demás, «metemos la pata». Nuestra responsabilidad moral debe atender a que somos limitados (pecamos), a que estamos siempre en proceso de crecimiento y mejora (somos historia) y que, a pesar de nuestra libertad, no todo depende de nosotros (todo es gracia de Dios).

Estar abiertos para acoger el Espíritu Santo.

La manera como los cristianos viven esta experiencia de compromiso con la tarea del Reino de Dios puede expresarse con esta frase:

> «Que la primera regla de tu hacer sea esta: confía en Dios como si el resultado entero dependiera de ti, y nada de Dios; ponlo todo en juego, sin embargo, como si todo dependiera de Dios, y nada de ti» (Gabriel Hevenesi, 1656-1718).

Gracia: es la fuerza de Dios que apoya nuestra voluntad para que podamos ejercer con libertad el compromiso cristiano.

Nuestro compromiso depende de las fuerzas que nos da Dios (la gracia*) y de la decisión de nuestra voluntad para el bien (la libertad).

Poner en juego nuestra vida como cristianos en este empeño significa, en primer lugar, estar abierto para acoger la ayuda que Dios va a prestar. Y Dios nos ayuda dándonos el Espíritu Santo (Lc 11,9-13). Estas son las ayudas del Espíritu para guiarnos por el camino de la vida (Sal 143,10), «los dones del Espíritu Santo»: sabiduría, inteligencia, consejo, fortaleza, ciencia, piedad y temor de/amor a Dios (Is 11,1-2).

En segundo lugar, las «actitudes básicas» de la vida de un cristiano: fe, esperanza y caridad. La fe es la actitud de entrega a Dios para construir mi vida. La esperanza es la actitud de acogida: todo lo que me pasa en la vida confío en que es bueno para mi vida. La caridad es la actitud de amar a quien se ha hecho presente en los más débiles y necesitados de este mundo (Mt 25,40).

Las ideas de Pitt Ágoras

Emmanuel Levinas (1906-1995) es un filósofo judío nacido en Lituania, aunque nacionalizado francés tras huir de la persecución de los nazis contra los judíos. Su pensamiento trata de resaltar la importancia de cuidar de los otros como tarea principal de las personas:

«La paz debe ser mi paz, en una relación que parte de un yo y va hacia Otro; en el deseo y la bondad, en que el yo a la vez se mantiene y existe sin egoísmo. La paz se concibe partiendo de un yo que se ha cerciorado de la convergencia entre moralidad y realidad».

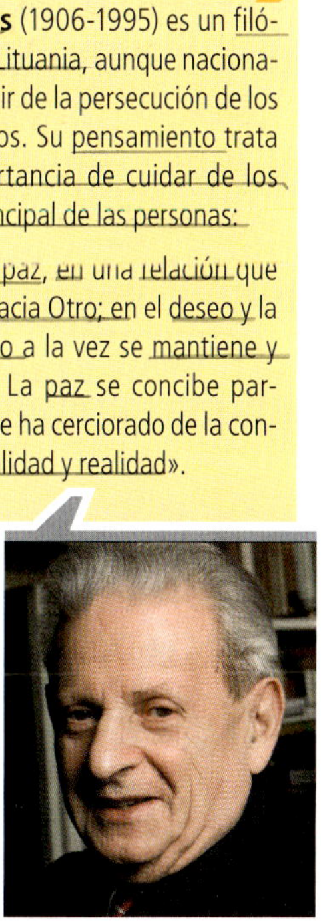

ACTIVIDADES

4. En grupo. Imaginad que tenéis a vuestra disposición los frutos del Espíritu Santo. ¿Por dónde repartiríais esos dones y frutos? Asignad cada uno de ellos a una situación conflictiva del mundo. Exponedlo a toda la clase.

5. Lee 1Pe 1,3-9 y explica qué quiere decir: «Estad siempre preparados para responder a cualquiera que os pida razón de la esperanza que tenéis» (1Pe 3,15).

6. Investiga sobre la oración conocida como Himno al Espíritu Santo. Escríbela en tu cuaderno, ¿quién la compuso? ¿Cuándo?

03 La caridad: «ama y haz lo que quieras»

Vamos a profundizar en la caridad, en el amor que Dios siente por las personas y que pide ser correspondido con el amor de las personas a sus prójimos. Porque amor es lo más y mejor que podemos decir de Dios (1Jn 4,8). Por eso Jesús eleva la caridad a la categoría más alta de la moral (Mc 12,28-31). Jesús la pone como norma básica de la vida plena: «Os doy este mandamiento nuevo: que os améis los unos a los otros. Así como yo os amo, debéis también amaros los unos a los otros» (Jn 13,34).

Son dos las implicaciones que el amor tiene para las personas si quieren que su comportamiento sea coherente con el proyecto de vida de Dios:

1. **Compromiso con los individuos**: Se trata de dejar que se asomen a nuestra vida personas concretas necesitadas. Hacernos sensibles a sus necesidades. Y, a partir de ahí, movilizar nuestras fuerzas para prestarles una ayuda digna y eficaz. Porque amando a los necesitados amamos al mismo Jesús (Mt 25,40.45). La pregunta queda para siempre abierta: «¿Y quién es mi prójimo?» (Lc 10,29).

2. **Compromiso social**: Hay que tener en cuenta también las razones y las causas de tanta desigualdad, pobreza e injusticia en el mundo. No son solo razones individuales, sino sociales, universales. Es la injusticia que domina las economías internacionales la que genera esta pobreza por todos los rincones del mundo. Esto exige compromiso. Lo llamamos caridad social, que es amor eficaz que pretende que haya para todos.

   Está claro. El amor hacia Dios y hacia lo demás es el santo y seña de la identidad cristiana: «Si os amáis los unos a los otros, todo el mundo conocerá que sois mis discípulos» (Jn 13,35). Por eso es por lo que hemos insistido al principio en que para vivir un compromiso moral como el que Dios desea y nuestro mundo reclama es imprescindible una motivación que no puede venir de fuera de nosotros, sino de dentro. Porque la moral es, ante todo, una respuesta que nace del amor (Dt 6,4-5; Lev 19,18) Es aquí donde entra en juego el dinamismo de la libertad en la búsqueda del bien: la vida moral es una respuesta de amor (Dt 6,4-7; Lev 19,18; Mc 12,28-31).

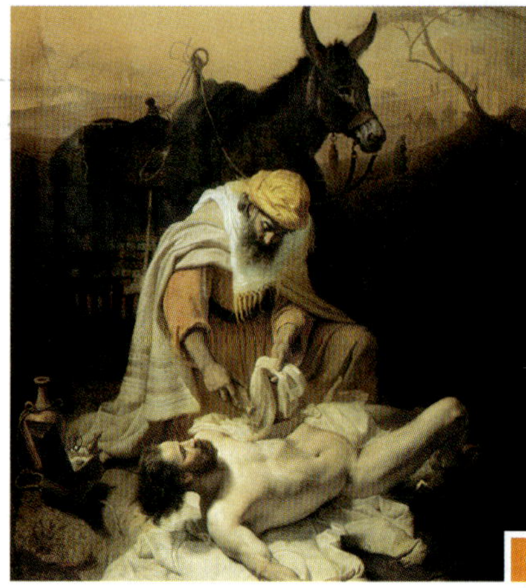

La historia del buen samaritano es ejemplo de caridad. Obra de Verazzi.

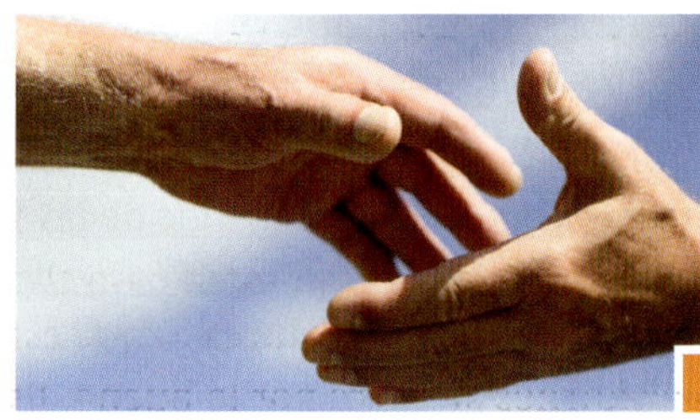

«Si os amáis los unos a los otros, todo el mundo conocerá que sois mis discípulos».

Un poquito de cine por favor

Cometas en el cielo

En un país que se encuentra dividido, dos niños están a punto de separarse para siempre. En un torneo de cometas la traición de un niño atemorizado da comienzo a una catástrofe. Después de veinte años, Amir vuelve a Afganistán dispuesto a enfrentarse con los demonios que lo persiguen y a reparar el mal.

ACTIVIDADES

7 Escenificad por grupos en clase la parábola del buen samaritano (Lc 10,25-37) adaptándola a situaciones actuales.

8 Lee 1Cor 13,1-8a. Escribe en el cuaderno las características del amor que describe san Pablo. Busca en el diccionario el significado exacto de cada una de ellas y cópialo.

9 Elige un relato de la pasión de cualquiera de los evangelios. Léelo entero y anota en el cuaderno las características del amor de 1Cor 13 que pone en práctica Jesús.

04 La libertad y la búsqueda del bien

Desembocamos en un último movimiento decisivo para describir esta estructura de la moral cristiana: la libre voluntad. «¡Ama y haz lo que quieras!», decía san Agustín.

Los cristianos confiesan que viven en Dios. Porque han sido creados por Él. Porque su vida tiene sentido cuando la viven por Él, con Él y en Él (Hch 17,28). Ahora bien, este vivir en Dios se presenta como una moneda de dos caras: existir en caridad o existir en pecado. Existir en caridad es existir en Dios. Existir en pecado es olvidar a Dios. Son dos formas de estar en el mundo: amando u olvidando a Dios. Decidirse por una de estas dos posibilidades es, precisamente, asunto de la voluntad humana.

Así que las personas podemos trabajar por construir dos ciudades: la ciudad de la paz o la ciudad de la injusticia. Transformamos nuestra vida y la vida de las personas y del mundo en ciudad de paz cuando elegimos vivir de cara a Dios. Transformamos todo ese mundo en ciudad de injusticia cuando decidimos vivir de espaldas a Dios. Ambas decisiones, ambas elecciones son asunto y competencia de la voluntad humana.

- **La libertad**, por tanto, **es un asunto de la voluntad y no de la razón**. No basta con saber qué es lo que está bien y qué lo que está mal para decidirnos siempre por lo bueno. Es que las personas deciden no con la dimensión racional de nuestra inteligencia sino con la dimensión de la voluntad. Es ella la que elige caridad o pecado.
- **Libre albedrío y libertad.** Toda nuestra vida es decisión: caridad o pecado. Las personas cristianas tienen la capacidad de decidir y elegir. En esa decisión nos jugamos mucho: si actuamos mal estamos dejando que el pecado nos venza y nos domine, se haga dueño de nosotros y le damos nuestra libertad. Si actuamos bien hacemos que sea Dios quien tome nuestra vida y Dios ama nuestra libertad. Por tanto, la decisión es clara: ¿queremos ser libres con Dios o esclavos con el pecado?

¿Alguna duda?

¿Entonces la libertad no es hacer lo que me da la gana?

Hay un dicho muy popular y que por serlo, no es menos cierto, que dice que «tu libertad termina donde comienza la del otro». Ese otro también tiene su cuota de libertad. Dios nos hizo libres, pero también nos ha marcado el camino que debemos seguir para utilizar con responsabilidad esa libertad. Si no lo hacemos, nos alejamos de él; si nos alejamos de él, estamos perdiendo nuestra libertad.

ACTIVIDADES

10 Haz un esquema de lo estudiado en este apartado a partir de la existencia en Dios y las dos posibilidades de vivir.

11 Anota en tu cuaderno, en dos columnas, las opciones de vida que toman las personas que contribuyen a construir la ciudad de paz y las que eligen la ciudad de la injusticia.

12 Lee Dt 30,15-20. Haz una redacción inventando una crónica de un día completo en la ciudad de la paz.

05 El ejemplo de las primeras comunidades

05.1 Principios generales

Nos remontamos al siglo I, unas pocas décadas tras la muerte y resurrección de Jesús de Nazaret; cuando sus amigos y seguidores querían vivir de acuerdo con el ejemplo de vida, palabra y obra que les había dado. Y, además, cuando el modo de vivir de sus contemporáneos ya no les parecía conveniente tras haber conocido a Jesús (1Jn 2,1-6). Ni el modo de comportarse de los judíos ni el de los **paganos*** va ya con ellos.

Ninguna revolución llegará a tiempo para cambiar nuestra vida, a no ser el asombroso hecho de ser amados, obra de Siro López.

> «La iglesia primitiva y con ella la cristiandad de todos los siglos tiene la convicción profunda de que la gran aportación de Jesús en la esfera de la moral fue la proclamación del **precepto*** fundamental del amor a Dios y al prójimo».
>
> (SCHNACKENBURG, R., *El testimonio moral del Nuevo Testamento*)

El amor al prójimo no es una novedad de los primeros cristianos. Ya el AT ha sido una excelente escuela de caridad, generosidad y misericordia (Lev 19,13-18.33-34). Lo que sí hay que reconocer es que el modo de amar que Jesús quiere para sus seguidores se extiende más aún que lo requerido por el judaísmo de su época.

- El amor al prójimo llega hasta el punto de amar al enemigo (Mt 5,43-48).
- El amor al prójimo alcanza al extranjero tradicionalmente despreciado (Lc 10,25-37).
- El amor al prójimo consigue hasta querer a los pecadores (Lc 7,36-50).

Además el amor tiende a recomponer la igualdad entre las personas. Aquella igualdad originaria del ser humano, hombre y mujer, creados iguales en dignidad por el amor de Dios que nos hizo semejantes a Él. Un amor a desplegar con los de dentro de la comunidad cristiana e, igualmente, con los de fuera (1Tes 3,12; Rom 12,9-21). Crear igualdad es la meta a alcanzar por el amor. El amor nos sitúa a todos es un mismo nivel. El amor rompe las barreras de la exclusión.

*

Paganos: en la Biblia son las personas de fuera de Israel, los que no son judíos. Con el tiempo también se referirá a los no cristianos.

Precepto: mandamiento, norma.

ACTIVIDADES

13 Un texto clásico de este amor al prójimo como valor fundamental del cristianismo primitivo es el de la carta de Santiago (Sant 2,1-9). Por parejas. Escribid una carta al ministro de asuntos exteriores de España explicándoles por qué debería organizar más la ayuda a los emigrantes que vienen a nuestro país.

14 El amor de Jesús, como el de Dios, es el modelo de amor de los primeros cristianos. Haz una lista de personas que consideres "enemigas tuyas". Anota al lado de ellas qué podrías hacer para mostrarles amor.

La ventana interreligiosa

La regla de oro en otras tradiciones religiosas

En el **hinduismo**: «Uno no debe comportarse con otros en una forma que para uno mismo es inadecuada: esta es la esencia de la moral».

En el **budismo**: «Un estado que no es adecuado para mí o que no me es grato, tampoco ha de serlo para él; y un estado que no es adecuado para mí o que no me es grato, ¿cómo puedo exigírselo a otro?»

En el **judaísmo**: «No hagas a otro lo que no quieras que te hagan a ti».

En el islamismo: «Ninguno de vosotros es un fiel si no desea a su hermano lo que desea para sí mismo».

05.2 Algunos casos prácticos

Y como «el amor se debe poner más en las obras que en las palabras» que decía san Ignacio vamos a ver algunos ejemplos de caridad practicados por los cristianos de los primeros tiempos.

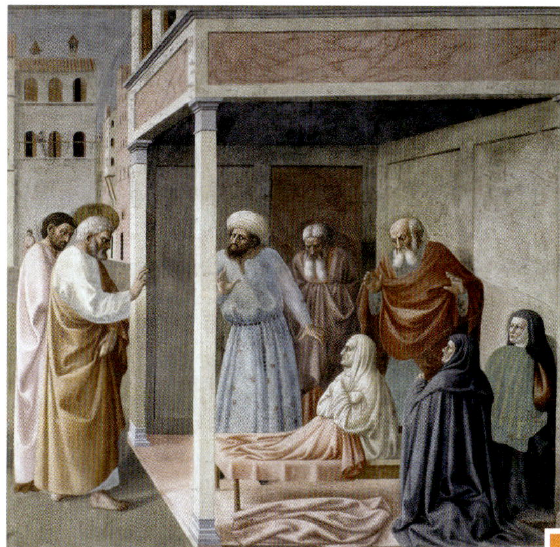

Los discípulos continuaron la predicación del Reino con signos y palabras.

La institución del diaconado

Es una de las primeras funciones organizadas por las comunidades primitivas cristianas. Los diáconos (Hch 6,1-6) y diaconisas (Rom 16,1-2) estaban dedicados a ayudar a los hermanos más desfavorecidos sirviéndoles y distribuyendo los bienes compartidos por todos. La recogida de fondos se realizaba en las celebraciones litúrgicas, también llamadas banquetes o ágapes, expresando así su carácter social.

Roma: la fiesta de las colectas

Entre los días 5 y 15 de julio de cada año, las comunidades cristianas de Roma realizaban una colecta especial para recaudar fondos destinados a atender las necesidades de todo tipo que había en la ciudad. Iba precedida de un encendido llamamiento del papa: «apliquémonos a defender a las viudas, ayudemos a los huérfanos, consolemos a cuantos lloran, reconciliemos a los enemigos, procuremos hospedaje a los peregrinos, socorramos a los oprimidos, vistamos a los desnudos, preocupémonos por los enfermos». ¿No crees que estas palabras del papa León (390-461) las firmaba hoy día el papa Francisco?

El testimonio de Juliano el **apóstata***

Este emperador romano, sobrino del emperador Constantino, llegó a odiar mucho a los cristianos al ver el mal ejemplo de su familia que se confesaba cristiana, pero que se comportaba violenta e inmoralmente. Sin embargo, a pesar de este mal ejemplo, cuando llegó al poder y quiso regenerar el imperio no perdió la ocasión de echar mano de lo mejor que aportaban los cristianos. Por ejemplo, copió el sistema de hospitales y casas de huéspedes para acoger y asistir a pobres, personas sin hogar, peregrinos... de estos ejemplos dijo: «Esto es lo que ha dado más incremento a la religión cristiana: la caridad para con los peregrinos, la verdadera moralidad de los cristianos».

* **Apóstata:** persona que renuncia a la fe que tenía.

ACTIVIDADES

15 En grupo, elaborad un informativo sobre la caridad. Recoged informaciones locales, nacionales, internacionales, de sociedad y de deportes y presentad un informativo donde solo tengan cabida noticias caritativas.

16 Trabajo por parejas. Leed el relato del diácono Felipe y el etíope (Hch 8,26-40). Reescribid el texto en forma de diálogo, incluidas las partes del narrador, como si fuera una obra de teatro y ponedla en común.

Y ADEMÁS HOY...

La ONU

Hoy traemos a estas páginas uno de los organismos que las diferentes naciones del mundo pusieron en marcha para luchar por la paz y la convivencia de la humanidad.

La II Guerra Mundial supuso un fuerte impacto para los diferentes países del mundo. Dispuestos a no repetir un conflicto así, decidieron crear un organismo que velara por la paz. Así nació la **Organización de las Naciones Unidas** (ONU).

El primero que se apuntó al proyecto y puso la idea en marcha fue el presidente de los EEUU, Franklin D. Roosevelt. En 1945 se reunieron 50 países para redactar la Carta de las Naciones Unidas que fue firmada el 26 junio de 1945 por 51 países. A partir de ese instante, los intentos por mantener la paz en el mundo se han convertido en su objetivo prioritario (unas veces con más éxito que otras) y no cesa en su empeño por conseguir que la convivencia entre los diferentes países sea pacífica y los desacuerdos se solucionen mediante el diálogo.

Sede de la ONU en Nueva York.

Con el paso del tiempo, esta organización ha ampliado sus competencias; dispone de una red de organismos envueltos, a veces discretamente, en labores que abarcan todos los aspectos de la vida de la gente de todo el mundo como son:

- Supervivencia y desarrollo de los niños.
- Protección del entorno.
- Derechos humanos.
- Investigación sanitaria y médica.
- Alivio de la pobreza y desarrollo económico.
- Desarrollo agrícola y de la industria pesquera.
- Educación.
- Planificación familiar.
- Asistencia en caso de emergencia o desastre.
- Usos pacíficos de la energía atómica.
- Derechos de los trabajadores

Estos son solo algunos de los organismos que luchan por la dignidad y la convivencia pacífica y en igualdad de las gentes que habitan este planeta llamado tierra.

ACTIVIDADES

17 En grupo, realizad un mural con el organigrama de las Naciones Unidas.

18 Escribe en tu cuaderno una redacción sobre la ONU.

19 Los cascos azules forman parte de las misiones de Naciones Unidas. Averigua cuál es su función y si están realizando alguna labor en este momento.

Luchadores por la paz

Hoy no traemos a esta página un personaje, traemos un homenaje. Un homenaje a quienes dedican su vida a luchar por la vida humana, a luchar por la dignidad de las personas y a luchar para que todas las personas podamos vivir en paz y armonía por encima de ideologías, razas o religiones. Todos ellos conforman un monumento a la convivencia, al respeto, a las relaciones humanas, a la igualdad; en definitiva, a la vida.

Desde aquel sueño de **Luther King** (Nobel de la Paz 1964): «Yo tengo un sueño: que un día en las coloradas colinas de Georgia los hijos de los ex esclavos y los hijos de los ex propietarios de esclavos serán capaces de sentarse juntos en la mesa de la hermandad» con el que todos nos sentimos unificados. O aquella lucha de **Gandhi** por conseguir para su país una independencia desde el principio de la paz y la no violencia. O la obsesión de **Nelson Mandela** (Nobel de la Paz 1993) por encontrar una convivencia pacífica en su país donde la venganza no fuera el motor de la convivencia, así como el intento de defensa de la escolarización de las niñas en Paquistán frente a la oposición brutal de los talibanes de la joven de 17 años **Malala Yousafzai**, (Nobel de la Paz 2014), todos ellos, sin excepción, nos indican un camino, nos marcan un trecho.

Juan XXIII pidió la paz en la tierra para todos los hombres de buena voluntad en su encíclica *Pacem in terris* y **Teresa de Calcuta** (Nobel de la Paz 1977) demostró con su entrega y su vida cómo todos los seres humanos tienen derecho a recibir una sonrisa, un poco de atención y de piedad, incluso que lo último que vean en su vida sea la sonrisa y el cariño de alguien.

Un homenaje merecido que nos invita a reflexionar sobre qué es lo verdaderamente importante en la vida, sobre cuál es el camino a seguir: el que ellos marcan y por el que algunos de ellos pagaron un alto precio.

Luther King.

Gandhi.

Nelson Mandela.

Malala Yousafzai.

Papa Juan XXIII.

Teresa de Calcuta.

ACTIVIDADES

20 Visita https://www.marxists.org/espanol/king/1963/agosto28.htm y estableced en grupo cuáles son las ideas fundamentales del discurso de Martin Luter King que aparece allí.

21 Averigua cuáles son las características fundamentales de la biografía de la madre Teresa de Calcuta.

22 Malala Yousafzai es el Premio Nobel de la Paz de 2014. Averigua por qué la academia creyó conveniente otorgarle ese premio.

El valor de la paz en la Biblia

Amor, libertad, bien, justicia, solidaridad, servicio, igualdad... ¡Cuántas cosas más podríamos añadir! Un mundo ideal de fraternidad mundial: el reinado de Dios que nos trajo Jesús. O, con palabras de San Agustín que ya hemos leído en un apartado anterior, la «ciudad de Dios» o ciudad de paz. Vamos a ver qué nos cuentan algunos profetas de la Biblia sobre la paz. Y luego veremos la propuesta de paz de Juan XXIII, llamado el papa bueno.

Obstáculos para la paz

Busca en la Biblia el texto del profeta Habacuc: Hab 1,2-4. Léelo. Léelo otra vez. Ahora escribe en tu cuaderno un ejemplo de cada una de estas situaciones: de angustia y maldad, de violencia y destrucción, de peleas y engaños, de injusticias y maldades.

Después de la queja del profeta el Señor toma la palabra ¡¡¡y se pone a cantar!!! Escúchalo tú mismo: Hab 2,6-20. En casa, comparte con tu familia estos textos y comentad: ¿a quiénes se estaría refiriendo el Señor si estas coplillas se las cantara a gentes de hoy en día?, ¿quiénes son hoy estos enemigos de la paz a los que el Señor les dirige estos versos?

Esperanzas de paz

Todo este conjunto de miserias humanas pudiera hacernos pensar que las personas no tenemos remedio. Se trata de tener esperanza en que la paz es posible. Y la paz es posible porque va a traerla Dios. Es decir, va a procurar que se transforme el corazón de los hombres y su modo de comportarse.

Coge de nuevo la Biblia. Busca al profeta Isaías: Is 32,1-8.15-20. Después de la lectura, responde a esta pregunta: ¿cuál es el único modo de preparar la paz? Convierte esto que has dicho en un titular de un periódico para ponerlo en la portada y busca una foto para ilustrarlo.

Paz en la tierra

«Para terminar, leed este texto del papa Juan XXIII y escribe todo lo que veas relacionado con lo que hemos estudiado en el tema. El escrito se titula *Pacem in terris*, es decir, *La paz en la tierra*.

«Consideramos deber nuestro consagrar nuestros pensamientos, preocupaciones y energías a procurar este bien común universal. Pero la paz será palabra vacía mientras no se funde sobre el orden, cuyas líneas fundamentales, movidos por una gran esperanza hemos esbozado en esta nuestra encíclica: un orden basado en la verdad, establecido de acuerdo con las normas de la justicia, sustentado y henchido por la caridad y, finalmente, realizado bajo los auspicios de la libertad». (JUAN XXIII, Pacem in terris, 167).

Que no se nos olvide nunca que tal vez la paz del mundo solo está disponible para quien ha conquistado la paz de su alma: «Dichosos los que trabajan por la paz porque Dios los llamará hijos suyos» (Mt 5,9).

Hermanas de la Consolación en Filipinas. Proyecto *Dreamland*

Las Hermanas de Nuestra Señora de la Consolación son una Congregación religiosa fundada el año 1857 por Santa María Rosa Molas en Tortosa, Tarragona. Extendidas por todo el mundo, en el año 2006 llegaron a Filipinas.

Filipinas fue noticia en los medios de comunicación por culpa del tifón Yolanda que arrasó diversas islas, entre las que se encuentra Cebú. Allí está una de las comunidades que trabaja en colaboración con otras comunidades.

Esta comunidad de trabaja en un proyecto destinado a 40 niños de entre 3 y 5 años. El proyecto se llama *Dreamland*. Lo que pretenden con él es ofrecer a los niños la posibilidad de soñar con una realidad diferente. Su acción es concreta: ofrecer a los niños al menos una comida al día, introducirlos en un proceso de escolarización, atender los problemas de salud y, a partir de esto, involucrar a las madres en la educación de sus hijos.

El proyectoe ofrece a los niños nuevas posibilidades.

El programa que han diseñado atiende a los niños de lunes a viernes de 9.00h a 12.00h. Les ofrecen al llegar un vaso de leche y luego una comida completa según el menú filipino, reforzando su nutrición con una dosis diaria de vitaminas infantiles. Todos los niños que atienden se encuentran en situación de pobreza y exclusión social y presentan problemas de malnutrición que tienen consecuencias negativas sobre la salud, el crecimiento y su capacidad cognitiva.

Con la ayuda de una profesora filipina realizan juegos y actividades diversas a través de las cuales les enseñan normas básicas de educación, higiene personal y valores.

En Filipinas toda la atención médica es remunerada y las medicinas son muy caras. La mayoría de los padres de los niños carecen de trabajo y de dinero para afrontar el coste de la atención sanitaria. Aquí atienden a los niños en los problemas de salud que presentan.

El motivo de poner en marcha este proyecto es para cubrir una de las necesidades más urgentes de la población. Filipinas es el país con el índice de natalidad más alto a nivel mundial; la población infantil ocupa un alto porcentaje de la población total y la mayoría de ellos se encuentran en tales situaciones de pobreza y exclusión social que sus sueños se convierten muchas veces en pesadillas.

ACTIVIDADES

23 Localiza en un mapa la isla de Filipinas donde se encuentran las hermanas de la Consolación y en tu cuaderno dibújala o pega un recorte.

24 Buscad información sobre las consecuencias del tifón Yolanda en Filipinas en el año 2013. Anotadlo en el cuaderno.

25 Lee el texto de Mc 8,1-10. ¿Qué sintió Jesús cuando se enteró de las necesidades de tanta gente? ¿Qué hizo para ayudarles? ¿Qué acciones puedes realizar para que la ayuda llegue a estos niños?

SÍNTESIS

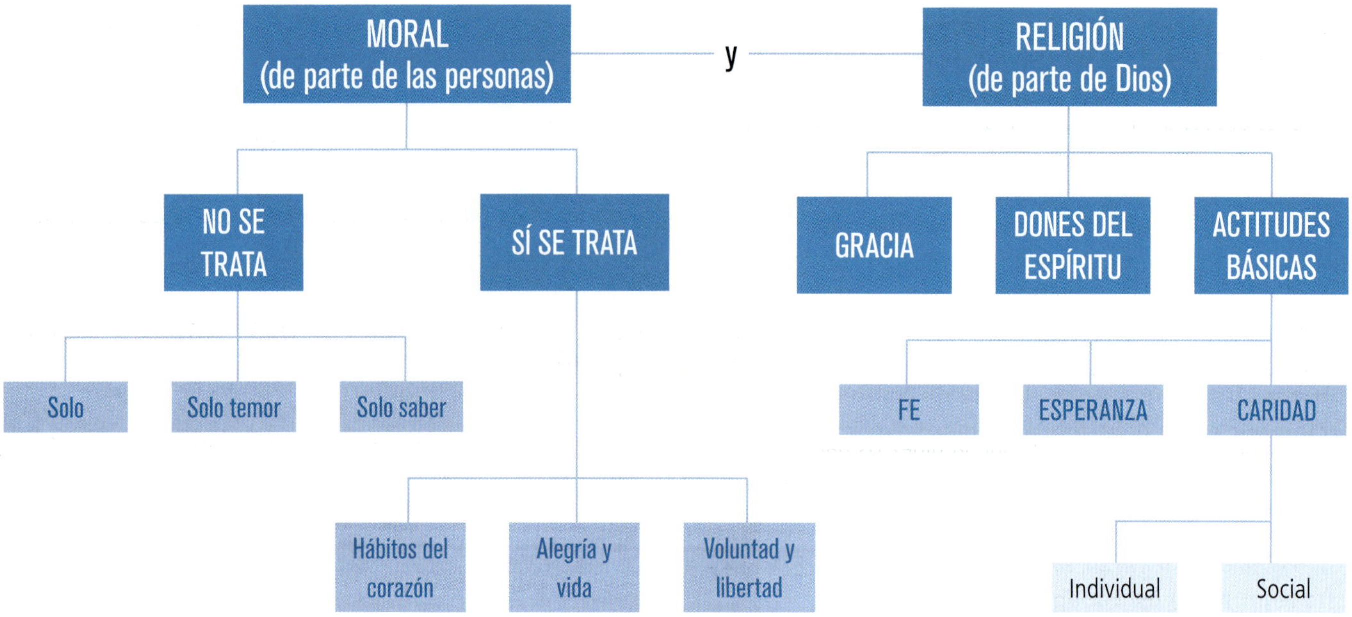

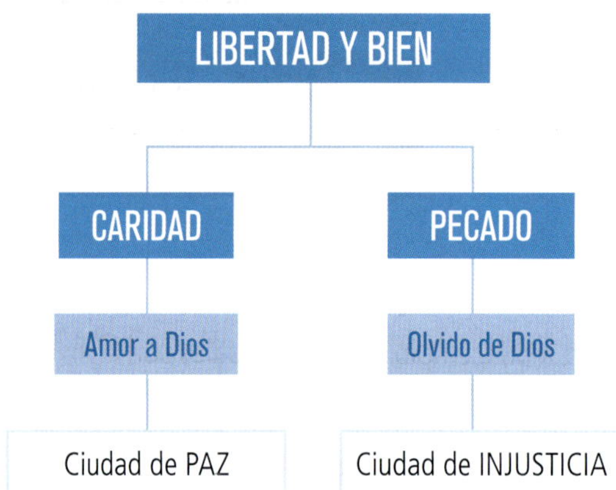

Fuentes

https://www.marxists.org/espanol/king/1963/agosto28.htm

http://www.un.org/es/

http://es.wikipedia.org/wiki/Hermanas_de_Nuestra_Se%C3%B1ora_de_la_Consolaci%C3%B3n

www.vatican.va/archive/catechism_sp/p3s1c1a6_sp.html

http://www.iesmurgi.org/religion/moral.html

ACTIVIDADES DE EVALUACIÓN

1 ¿Qué son los valores? Pon ejemplos de valores religiosos, morales, espirituales y utilitarios.

2 Explica el sentido de la siguiente frase: «no saber lo que Dios quiere, sino querer lo que Dios hace».

3 ¿Qué significa la frase «tengo la moral por los suelos»?

4 Ordena las palabras que aparecen en las frases siguientes. Solamente la primera y la última letra están en el orden correcto.

a. «Siendo RPSBENOSEALS desde la niñez os habréis hecho hombres», Robert Baden Powell, fundador del movimiento Scout.

b. «La quintaesencia del Evangelio son las BANAUZETVNRANEIS», Mahatma Gandhi.

c. «Educar en la SAIDRDALOID significa entonces educarnos en la humanidad», Papa Francisco.

5 Explica brevemente el contenido de las frases anteriores.

6 Enumera las tres características en las que se debe fundar la responsabilidad moral.

7 ¿Por qué son necesarias las normas?

8 ¿Cuáles son los dones del Espíritu Santo? Pon un ejemplo de cada uno de ellos.

9 Haz una encuesta a tres personas mayores. La pregunta es: ¿Cuáles son para usted los tres principios morales fundamentales? Compartid el resultado en la clase.

10 ¿Qué es caridad? ¿Qué relación tiene con el hecho de ayudar a los necesitados?

11 ¿Qué dos tipos de compromiso hay para los cristianos?

12 «En cierta ocasión, un sacerdote preguntó a un grupo de niños: "Si todas las personas buenas fueran blancas y todas las malas grises, ¿de qué color seríais vosotros?2 Uno de ellos respondió: "Yo, tendría la piel a rayas"». ¿Qué quiere decir el niño al afirmar que tendría la piel a rayas? ¿En qué color te encuadrarías tú?

13 ¿Cuáles crees que serían las rayas grises del mundo actual? ¿Y las blancas?

14 ¿Qué significa la libertad para un cristiano?

15 Describe las características del amor que Jesús quiere para sus seguidores.

16 ¿Cómo explican «la regla de oro» los hinduistas, budistas y judíos?

17 ¿De qué manera practicaban la caridad los primeros cristianos?

18 Resume con tus palabras el origen y finalidad de la Organización de las Naciones Unidas (ONU).

19 Luther King tuvo un sueño en el que veía una convivencia pacífica entre negros y blancos. Redacta cómo verías tú un mundo sin el mal o el pecado. ¿Cómo sería para ti ese sueño?

20 Añade a la lista de luchadores por la paz de la sección Personaje del día otros tres ejemplos que conozcas.

21 El papa dirige un mensaje de paz al mundo cada 1 de enero. Se denomina Jornada Mundial de la Paz. Lee el comienzo del mensaje del año 2015 que lanzó el papa Francisco e indica cuáles son las ideas fundamentales.

«Al comienzo de un nuevo año, que recibimos como una gracia y un don de Dios a la humanidad, deseo dirigir a cada hombre y mujer, así como a los pueblos y naciones del mundo, a los jefes de Estado y de Gobierno, y a los líderes de las diferentes religiones, mis mejores deseos de paz, que acompaño con mis oraciones por el fin de las guerras, los conflictos y los muchos de sufrimientos causados por el hombre o por antiguas y nuevas epidemias, así como por los devastadores efectos de los desastres naturales.

Rezo de modo especial para que, respondiendo a nuestra común vocación de colaborar con Dios y con todos los hombres de buena voluntad en la promoción de la concordia y la paz en el mundo, resistamos a la tentación de comportarnos de un modo indigno de nuestra humanidad».

DIOS COMO TÚ

En el islam

Oración en la mezquita.

Mahoma anunciaba la existencia de un Dios único, Alá, y defendió y protegió a los más desfavorecidos de la sociedad en la que vivía. Por esa causa fue perseguido y tuvo que marcharse a Medina con sus discípulos.

La característica más importante del islam es la creencia en un Dios, Alá, y la sumisión absoluta de la persona a él. En el Corán, el libro sagrado, revelado a Mahoma y que no está sujeto a modificación o crítica, está todo escrito y ahí se encuentra cómo hay que comportarse, la forma de vida que ha de seguir un buen musulmán. Allí se encuentra lo que debe creer, las normas o las leyes que ha de seguir, cómo se ha de relacionar con Dios y con los demás y la organización que debe tener la sociedad.

Esta serie de normas se resumen en los cinco pilares:

- La confesión de fe en Dios que debe repetir siempre.
- La oración cinco veces al día.
- El ayuno, obligatorio durante el mes del ramadán.
- La limosna a los pobres que se concreta en la entrega del 2,5% de su renta anual.
- La peregrinación a La Meca al menos una vez en la vida.

Además de estas, que son las fundamentales, las enseñanzas del Corán se concretan en otras más particulares que se refieren a ámbitos sociales (visitar enfermos, comer con modales), de higiene (mantenerse limpios) y económicos (no pagar ni cobrar intereses).

En el judaísmo

Todos sabemos cómo vivían los judíos el cumplimiento de la ley religiosa en tiempos de Jesús. Pero ¿y en la actualidad? ¿Siguen siendo tan rigoristas? Sin duda, los judíos más ortodoxos siguen cumpliendo la ley de Moisés muy a rajatabla, pero el resto de los judíos han relajado bastante ese cumplimiento.

La base fundamental de su creencia se encuentra en el decálogo (los diez mandamientos que Dios entregó a Moisés) A partir de aquí se regula toda su moral y las demás normas provienen de explicaciones o adaptaciones a ese pacto entre Dios y los hombres recogidas en la Torá o ley judía.

Oración ante el Muro de las Lamentaciones.

Vivir de acuerdo al judaísmo no es fácil: los mandamientos y los preceptos divinos exigen cumplimiento, estudio y profundidad, obediencia y cumplimiento. La mayoría se refieren a las leyes del quehacer diario, el amor al prójimo, ayudar al otro, confortar a los deudos, visitar a los enfermos, ayudar a la viuda, al huérfano, a todo aquel que está en desdicha y en sufrimiento.

La moral para el judaísmo no es simplemente no harás el mal a otro. La ética implica más allá de no hacer el mal, es una búsqueda constante de hacer el bien, procurar la felicidad ante los ojos de Dios; para ellos, la felicidad de los hombres es la felicidad de Dios.

DIOS COMO TODO

En el hinduismo

Peregrinos bañándose y rezando en el río Ganges, Varanasi, India.

El hinduismo, sin duda, va más allá del concepto que conocemos de dar veneración a los animales, bañarse en el Ganges y observar la división de castas. Ellos ven la vida como un ciclo que se repite a sí mismo en el cual la historia humana tiene poca importancia. No tienen una creencia fundamental, ni una jerarquía sacerdotal, aunque sí maestros y guías espirituales. Sus escritos sagrados están recogidos en el libro de los Vedas, pero en realidad, no es un compendio de la doctrina fundamental hindú. Uno de los conceptos básicos que influyen en su conducta es el de la no violencia (aunque algún grupo radical rechaza esta práctica). Otro aspecto fundamental es el sistema de castas en el que está dividida la sociedad hindú. Esta situación está predeterminada como resultado de sus acciones en una existencia anterior. Por último, otra de las grandes creencias que afecta a su comportamiento moral es la del karma. Este principio se basa en la idea de que toda acción tiene sus consecuencias, buenas o malas, y ellas son las que determinan la existencia del alma en las diferentes reencarnaciones.

En el budismo

Oración ante un templo budista.

En el siglo VI a.C. Sidharta Gautama, convencido de que el hinduismo no ayudaba a la búsqueda de la felicidad, fundó una nueva religión: el budismo. Esta nueva religión cree en la reencarnación y busca la felicidad en la superación del sufrimiento, al que considera causante de la infelicidad de la humanidad. Para ello, propone la senda de las cuatro nobles verdades como camino para acabar con el sufrimiento:

- Todo en la vida es dolor.
- La causa del dolor es el deseo.
- Se acaba con el dolor en la medida que se acaba con el deseo.
- Para poder acabar con el deseo es necesario seguir el sendero de los ocho ramas, a saber: conocer las nobles verdades, recta intención, recta palabra, recta acción, recta forma de vida, recto esfuerzo, recto pensamiento y meditación intensa que libere a la persona de todo deseo.

Estas son las actitudes que el budismo propone y que todo buen budista debe seguir.

«Hágase tu voluntad»

La moral es el conjunto de principios, criterios, normas y valores que dirigen nuestro comportamiento. Es una especie de brújula que nos orienta, que dirige nuestras acciones, nos indica el camino.

La moral no limita la libertad, sirve por el contrario para custodiarla y potenciarla, para que el ser humano pueda alcanzar, como individuo y como comunidad, su plena realización. De la misma manera que las reglas de la salud tienen como fin el garantizar nuestro bienestar físico y mental, así las normas morales son las condiciones necesarias para conducir a la persona al pleno desarrollo de sus capacidades de conocimiento y de amor.

La moral cristiana se fundamenta justamente en Jesucristo, en su persona, sus enseñanzas y su mensaje. Pero ¿cómo conocer su forma de actuar? ¿Qué hizo durante su vida? ¿Qué nos enseñó Jesús? Podemos hallar respuestas a estos interrogantes en la fuente principal del saber cristiano: en la Biblia.

Leemos atentamente el siguiente relato bíblico que nos habla de uno de los ejemplos más destacados de Jesús: es la oración antes de ser prendido en el Huerto de los Olivos (Mt 26,36-46).

Entonces Jesús fue con ellos a un huerto, llamado Getsemaní, y dijo a los discípulos «Sentaos aquí, mientras voy allá a orar». Y llevándose a Pedro y a los dos hijos de Zebedeo, empezó a sentir tristeza y angustia. Entonces le dijo «Mi alma está triste hasta la muerte; quedaos aquí y velad conmigo». Y adelantándose un poco cayó rostro en tierra y oraba diciendo: «Padre mío, si es posible, que pase de mí este cáliz. Pero no se haga como yo quiero, sino como quieres tú». Y volvió a los discípulos y los encontró dormidos. Dijo a Pedro: «¿No habéis podido velar una hora conmigo? Velad y orad para no caer en la tentación pues el espíritu está pronto, pero la carne es débil». De nuevo se apartó por segunda vez y oraba diciendo: «Padre mío, si esté cáliz no puede pasar sin que yo lo beba, hágase tu voluntad». Y viniendo otra vez, los encontró dormidos, porque sus ojos se cerraban de sueño. Dejándolos de nuevo, por tercera vez oraba repitiendo las mismas palabras. Volvió a los discípulos, los encontró dormidos y les dijo: «Ya podéis dormir y descansar. Mirad, está cerca la hora y el Hijo del hombre va a ser entregado en manos de los pecadores. ¡Levantaos, vamos! Ya está cerca el que me entrega».

Jesús orando en el Huerto de los Olivos,
de Francisco de Goya.

PREGUNTAS

1 Analizamos las acciones y actitudes que muestra el texto.

a. Jesús acude allí acompañado de sus discípulos pero, sin embargo, se adelanta un poco para retirarse y orar en soledad. Es como lo había prescrito (Mt 6,4-6) y practicado anteriormente (Mt 14,23). Consultamos ambas citas del evangelio de Mateo y contestamos: ¿a qué tipo de contraste o disyuntiva se alude en estos textos? ¿Cómo actúa Jesús?

b. Su rostro cae a tierra no en señal de desesperación ante lo que sabe que se le viene encima, sino de la misma manera que hablaba Abraham con Dios (Gn 17,3. 17). Consultamos esta cita del libro del Génesis y contestamos: ¿qué actitud muestra este gesto de dejarse caer al suelo sobre su rostro? ¿Qué valor tiene esta actitud en la vida cotidiana?

c. No debe hacerse la voluntad de Jesús, sino la voluntad de Dios; lo llama «mi Padre» lo que hace recordar a los lectores el Padrenuestro (Mt 6,9s). Son pocas las veces que el AT se refiere a Dios como Padre, Jesús recoge este concepto y lo hace parte esencial de la fe del NT. Consultamos esta cita del evangelio de Mateo y contestamos: ¿qué enseñanzas morales se pueden extraer del Padrenuestro?

d. Jesús habla de un «cáliz», lo que ha llevado a múltiples interpretaciones. Consulta las siguientes citas bíblicas (Is 51,17; Ez 23,31-34; Mt 20,20-23; Heb 5,7-8) y responde: ¿Qué representa el cáliz? ¿Qué situaciones de la vida pueden suponer un «cáliz que hay que apurar»?

2 Escribe una conclusión personal recogiendo aquellas enseñanzas morales que has extraído de la lectura meditativa de la Oración de Jesús en el Huerto de los Olivos.

3 **Investigación grupal**. Elaborad un pequeño informe sobre la moral católica en el que se desarrollen las siguientes cuestiones. Podéis buscar información en https://www.aciprensa.com/moral

a. ¿Qué es la moral católica?

b. ¿Cuál es su principal enseñanza?

c. ¿Es difícil practicar la moral católica? Justifica tu respuesta.

4 **Debate**. La moral se ocupa de las acciones humanas. Las verdaderas acciones humanas son aquellas que brotan de la libre voluntad de la persona:

- ¿Pero el ser humano es verdaderamente libre?
- ¿Qué es la libertad?
- ¿Existen factores que pueden reducir la libertad y la responsabilidad de la persona?
- ¿Qué papel juega la educación de la conciencia en el desarrollo de la libertad?

04 El proyecto de Jesús es el proyecto de la Iglesia

¿Qué es el Reino de Dios? ¿Qué es el Pueblo de Dios? ¿Qué relación existe entre la Iglesia y el Pueblo de Dios? Jesús de Nazaret vivió hace más de dos mil años en una tierra apartada en una perdida provincia del Imperio Romano. Sus discípulos fueron los encargados de difundir su mensaje de liberación del pecado y de salvación por parte de Dios. En pocos años el cristianismo se convirtió en la religión más importante. Esto fue así porque el Evangelio nos hace a todos iguales, nos hace hermanos y nos hace solidarios. Sigue leyendo y descubre cómo fue ese proceso trascendental para la humanidad.

El encuentro con Cristo cambia la forma de comprender el mundo, la historia, la realidad, las personas.

La misión del cristiano es construir el Reino de Dios desde Jesús, siguiendo sus pasos, asumiendo su estilo de vida, sus sentimientos y sus actitudes.

El Reino es una nueva realidad que irrumpe en nuestra sociedad y consiste en que el amor, la justicia, la verdad y la paz se instalen en ella

1. ¿Qué te evocan estas imágenes?
2. ¿Cómo crees que cambia la vida de una persona que se convierte al cristianismo? ¿Qué testimonios conoces?
3. ¿Qué acciones concretas realizan los cristianos para que el amor, la justicia, la verdad y la paz se instalen en nuestra sociedad?

01 El proyecto de Jesús es el Reino de Dios

Vamos a descubrir la relación que hay entre Jesucristo y la Iglesia. Para comprender bien esta relación debemos atender a algunos acontecimientos fundamentales como son la vida, muerte y Resurrección de Jesús; la vida de los discípulos que siguieron a Jesús y la vida de las comunidades cristianas que se fueron formando después de su muerte y Resurrección. Vamos a ver, en primer lugar, la continuidad entre el proyecto de Reino de Dios de Jesús y el proyecto de vida de la Iglesia. Y, en segundo lugar, algunas de las creencias que caracterizan a esta nueva religión que toma cuerpo en las comunidades que constituyen la primitiva Iglesia cristiana.

Jesús y la Última Cena, Juan de Juanes.

Esta es la cuestión central y decisiva de toda la vida de Jesús: el anuncio de la llegada del Reino de Dios (Mc 1,14; Mt 4,17), la tarea de construir el Reino de su Padre (Jn 5,17). Si el corazón del Evangelio es Jesús, en el corazón de Jesús está el Reino de Dios. Y el Reino de Dios que Jesús trae y hace vida consiste en hacer la voluntad del Padre que es paz, justicia y bien para todas las personas de la historia (Hch 10,38). El Reino es la misericordia y la consolación de Dios hecha realidad en medio de las calles del mundo. Misericordia y consuelo que son fuente de fraternidad y libertad (2Cor 1,3-4).

¿A quiénes convocó Jesús para realizar el Reino de Dios? Jesús de Nazaret dirigió su actividad al pueblo de Israel. Los ciudadanos del pueblo elegido de Dios fueron quienes vieron y escucharon la llamada de Jesús a realizar el proyecto del Reino. Pero también se abrió la misión de Jesús a no judíos, paganos o gentiles, que aceptaron a Jesús en sus vidas.

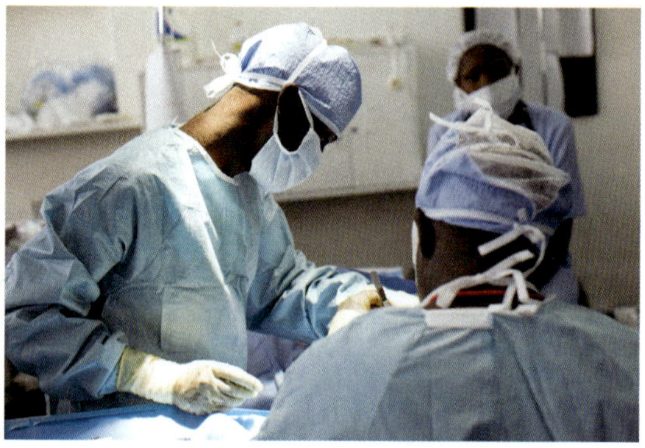

Una de las acciones simbólicas más importantes de Jesús fue la elección de los Doce (Mc 3,13-19). De entre todas las personas que le seguían, Jesús escoge a doce con la intención de representar al nuevo Pueblo de Israel (doce eran las tribus de Israel). Que Jesús cree un grupo de doce discípulos suena a renovación de la religión judía. Pero esto no significa que Jesús propusiera el Reino solo a judíos, sino que, a partir de ellos el mensaje del Reino se abre a todos los pueblos, porque Israel es faro y luz para las naciones (Hch 13,44-49).

ACTIVIDADES

1 Haz un resumen con tus propias palabras de la vida de Jesús: nacimiento, vida pública, pasión, muerte y Resurrección.

2 Ilustra tu resumen con imágenes de escenas bíblicas de los momentos más importantes destacados por ti.

3 Recuerda las características del Reino de Dios según lo que cuentan las parábolas que aparecen en Mt 13,1-53.

02 El proyecto de la Iglesia es el proyecto de Jesús

> «El misterio de la santa Iglesia se manifiesta en su fundación. Pues nuestro Señor Jesús dio comienzo a la Iglesia predicando la buena nueva, es decir, la llegada del Reino de Dios prometido desde los siglos en la Escritura» (*Lumen Gentium** 5)».

Tras unos años de vida compartida con el maestro, llega la experiencia profunda de crisis sufrida por los discípulos a causa del ajusticiamiento de Jesús en la cruz. Luego vino la experiencia de la alegría y la confirmación de que Dios lo había resucitado de entre los muertos. El proyecto de Jesús no se había truncado con su muerte. El proyecto de aquellos discípulos tampoco. Solo que ahora continúa, transformado, en el proyecto de la Iglesia.

En el tiempo que transcurre entre ambas experiencias, muchas cosas suceden en el ánimo de este grupo de amigos y seguidores que ha quedado esparcido por el territorio de Palestina. Y otras muchas cosas en el ámbito de las relaciones con sus familias, amigos y vecinos, judíos como ellos. Y es que lo vivido con Jesús les ha dado mucho que pensar. ¿Siguen siendo judíos? Porque hay muchos judíos que no quieren saber nada de Jesús. Pero ellos sí. ¿Entonces? ¿Y los que se unen a nuestro grupo y no son judíos? Es claro que no son ni quieren ser judíos, pero sí son y quieren seguir siendo discípulos de Jesús. ¿Entonces qué?

El Reino de Dios está unido a la persona de Jesús. A medida que Jesús comienza a ser considerado como Dios, los cristianos comienzan a perfilarse como un grupo religioso con una identidad propia, distinta de la religión judía. Así, unos grupos cristianos van a continuar el proyecto del Reino de Dios sin distinguirse demasiado del resto de creyentes judíos. Son la mayor parte de comunidades cristianas de Jerusalén. Y hay otras comunidades formadas por personas no judías que aprenderán a configurar su nueva identidad religiosa al margen del judaísmo. La convivencia y relación de ambas comunidades, junto al rechazo progresivo de los judíos hacia el nuevo movimiento religioso cristiano, hará que estos nuevos grupos de cristianos vayan conformándose cada vez más como iglesias cristianas separadas de la sinagoga judía.

Cristo de Velázquez.

Lumen gentium: documento del Concilio Vaticano II acerca de la Iglesia.

La información del Mac-abeo

Los esenios de Qumram

Los esenios son una comunidad religiosa contemporánea de la Iglesia naciente. Se caracteriza por ser una comunidad religiosa de hombres que se apartan del pueblo –viven en el desierto– para formar un nuevo pueblo de elegidos. Ellos son los hijos de la luz, los puros, frente a los otros israelitas que son los hijos de las tinieblas, los impuros. No consiste en esto ser Iglesia de Jesús.

ACTIVIDADES

4 Reconstruye el proyecto de la primitiva Iglesia cristiana a partir de los siguientes datos y elabora una crónica periodística de lo sucedido.

a. Primeros destinatarios del mensaje de Jesús (Lc 1,16-17.31-33) y primeros destinatarios de los discípulos (Hch 2,14.22.36; 3,12-13);

b. Polémica y persecución de los judíos contra los cristianos (Hch 6-7; 8,1-3);

c. La Iglesia es el Israel verdadero, el nuevo Pueblo de Dios fiel al Espíritu (Hch 7,51-53; 13,49-52).

03 El proyecto de Jesús es el proyecto de la Iglesia

Si la Iglesia ha podido nacer gracias a Jesús, su proyecto no puede tener validez sino está referido al proyecto del Reino mostrado por Jesús en los evangelios. El proyecto de la Iglesia es el proyecto del pueblo del Reino de Dios. En esta convergencia de proyectos es imprescindible saber combinar dos palabras: fidelidad y adaptación. Las comunidades cristianas se encontraron con la necesidad de adaptar el mensaje del Reino a nuevas personas, nuevos lugares y nuevos tiempos. Pero sin que esa adaptación supusiera corromper la voluntad de Jesús.

En los primeros tiempos de las iglesias primitivas, esta circunstancia se vivió como un problema que, aunque de otro modo, llega hasta nuestros días: ¿cómo conjugar la pluralidad y la unidad dentro de la Iglesia?

Hay que comenzar por constatar las diferencias. Lo primero es darse cuenta de que somos diferentes. No eran lo mismo los judeo-cristianos que los pagano-cristianos. Los primeros eran prácticamente judíos, la comunidad de Jerusalén, dirigida por Santiago (Hch 21,18). Los segundos, son cristianos también procedentes del judaísmo, pero de lengua y cultura griegas (por eso lo de helenistas); abren sus puertas a los no judíos y tienen carácter misionero. Son la comunidad de Antioquía, con Bernabé y Pablo (Hch 11,19-26). Y luego están las comunidades joánicas...

Hay que **continuar resaltando lo que todas ellas tienen en común**. Hablamos de comunión porque supieron acoger a unos y a otros. Aprendieron a entender que las diferencias en cuestiones secundarias no afectaban a lo verdaderamente esencial, en lo que todos se sentían unidos. Aceptaron comprenderse todos formando parte de la única Iglesia de Dios porque todos comparten la fe en un mismo Dios, un Dios que es Padre, un Dios que es Jesús, su hijo, el Señor, y un Dios que es Espíritu Santo (1Cor 12,4-6). Pero, sin duda alguna, la clave de la unidad es la referencia a Jesucristo: la fe en Jesús, la oración a Jesús, las celebraciones religiosas en torno a Jesús y la ética que se desprende de fe en Jesús.

ACTIVIDADES

5 Anota en el cuaderno qué imagen usaron las comunidades cristianas de Éfeso y Corinto para referirse a la Iglesia (Ef 2,17-22; 1Cor 12,12-28).

6 Haz una redacción o una presentación a partir de este título: «¿Cómo tiene que ser la Iglesia para poder estar fundada en Jesús?»

7 Lee Hch 15 y explica cómo se resolvió el problema de las diferencias entre los judeo-cristianos y los pagano-cristianos.

¿Alguna duda?

¿De dónde viene la palabra Iglesia?

La palabra Iglesia proviene del término griego ekklêsía, que, a su vez proviene de la palabra aramea qahal, que es la palabra que la Biblia usa para referirse a Israel como el pueblo de Dios. En el NT esta palabra tiene tres significados: se usa para referirse a las casas donde se reunían las primeras comunidades cristianas; se refiere a la unión de las comunidades de una misma localidad (iglesia de Jerusalén, de Corinto...) y es usado para referirse al conjunto de todas las comunidades repartidas por todo el mundo.

04 El camino que condujo a los cristianos a creer que Jesús era Dios

El modo que tuvieron los primeros cristianos de resolver el problema de la unidad y pluralidad de las comunidades cristianas fue la común experiencia de adorar y servir a un mismo Dios. Una experiencia que apunta de manera especial y distinta a Jesús, en quien los primeros cristianos creyeron como se cree en Dios. Un Jesús a quienes rezaron como se reza a Dios. Un Jesús al que celebraron con ritos como los que se realizan a Dios. Un Jesús con el que se comprometieron hasta dar la vida como se entrega la vida a Dios.

Las comunidades podrán reconocerse todas como cristianas si sus creencias, sus oraciones, sus celebraciones, su comportamiento, su modo de vivir día a día, reflejan el modo de vivir de Jesús. Todo depende de ser fieles a la proclamación de Jesús sobre el Reino de Dios.

La fe en Jesús como Dios es un dato que encontramos muy pronto entre los cristianos. Es un fenómeno, una experiencia, fuerte, revolucionaria, insólita, respecto de las vivencias religiosas de judíos o paganos.

- **Invocación y confesión de Jesús como Señor**. Hay una expresión muy característica de la Iglesia desde entonces hasta hoy día que representa un modo inequívoco de dirigirse a Jesús como Dios. La encontramos en 1Cor 16,22: *maranatha*. Palabra aramea que significa «Señor nuestro, ven». Con esta expresión, los judeo-cristianos se dirigían a Jesús invocando su presencia en la asamblea litúrgica. En otros textos, los cristianos se dirigen a Jesús, reconociéndole como su Señor: «Jesús es Señor» (Rom 10,9-13; 1Cor 12,3; Flp 2,10-11). Estas expresiones de devoción a Jesús nos confirman que la experiencia de Jesús es el factor de unidad más importante de todas las diferentes iglesias.
- **Himnos y salmos**. Muy características también del primitivo culto cristiano fueron algunas composiciones litúrgicas como himnos de alabanza, salmos y canciones (Col 3,16-17; Ef 5,19-20). A través de ellos, las comunidades daban culto a un Jesús de condición humana y divina (Flp 2,6-11). Este himno es, sin duda alguna, el que con más claridad nos muestra por qué Jesús es reconocido con todo derecho digno de ser adorado.

La ventana interreligiosa

Jesús en el punto de mira del diálogo entre judío, cristianos y musulmanes.

A lo largo de los siglos la experiencia de los cristianos de confesar que Jesús fue un ser humano al que adoramos como a un Dios es uno de los puntos de conflicto en los debates entre las tres religiones. Los judíos no reconocen que Jesús sea el Mesías que ellos esperan, ni que sea Mesías como los cristianos confiesan que Jesús lo es. Por otro lado, los musulmanes, desde su concepción de la unicidad de Dios, no acaban de comprender la posibilidad de un monoteísmo trinitario como el cristiano en el que comparten adoración por igual el Dios Padre, Jesús el Hijo y el Espíritu Santo. El diálogo continúa.

ACTIVIDADES

8 El blog de Pablo. ¿Cómo se enfrentó Pablo al encuentro cara a cara con Dios? Ayúdate de esos textos para contar lo que supuso para el judío Saulo de Tarso encontrarse cara a cara con Jesús (Gal 1,11-2,21; Flp 3,1-11; 1Cor 15,8-11):

a. Saulo, antes de encontrarse con él.

b. Lo que cuenta Pablo de su encuentro con Jesús.

c. Las consecuencias que para su vida ha tenido este cara a cara con Jesús.

d. Resumen: ¿quién es Jesús para Pablo de Tarso?

05 La oración de los creyentes en Jesús

La manera de hacer oración de los primeros cristianos es un elemento fundamental de unidad de las comunidades cristianas. En este modo de comprender y practicar la oración los cristianos expresan el motivo fundamental de esa comunión en la devoción dada a Jesús como Dios.

Veamos las cartas de san Pablo, que son el testimonio más antiguo del cristianismo que poseemos. Al comienzo de sus cartas encontramos casi siempre una **oración de acción gracias** en la que ya se muestra que la oración se dirige por medio de Jesucristo a Dios Padre (1Tes 1,2-3; 1Cor 1,4-5; Flp 1,3-5; Rom 1,8; 2Cor 1,3-4). También observamos lo mismo en otras **oraciones en forma de deseo** en las que Pablo invoca igualmente a Dios y a Jesús (1Tes 3,11-13; 2Tes 2,16-17; 3,5). También es significativo el **saludo de *gracia y paz* inicial** de Pablo en sus cartas, en las que la oración va dirigida conjuntamente a Dios y a Jesús (Rom 1,7; 1Cor 1,3; 1Tes 1,1). Lo mismo podríamos decir de las **oraciones de bendición** al final de las cartas (Rom 16,20; 1Cor 16,23). Estos saludos iniciales y bendiciones finales formaban parte de las palabras empleadas en las celebraciones litúrgicas de las comunidades primitivas. Por cierto, este mismo saludo lo podemos seguir escuchando hoy en día al comienzo de las celebraciones de la Eucaristía: «Que la gracia y la paz de Dios nuestro Padre y de Jesús nuestro Señor, estén con todos vosotros».

Además, podemos señalar una **oración personal de petición** dirigida por Pablo a Jesús (2Cor 12,8-10). La confidencia que le hace a los cristianos de la comunidad de Corinto donde pide a Jesús que le ayude con sus sufrimientos es un indicio claro de que se ve como normal entre los cristianos rezarle a Jesús, como se rezaba a Dios. Otro texto de oración de petición personal dirigida a Jesús es la del mártir Esteban. A punto de ser ejecutado por algunos judíos invoca a Jesús para que le acoja tras su muerte (Hch 7,59-60). Es una oración que recuerda a la oración de Jesús al Padre en la cruz (Lc 23,34.46).

Un poquito de cine por favor

Pablo de Tarso. El último viaje

Desde la celda de una cárcel dos ancianos han sido condenados a muerte por su fe y su forma de vida. Uno es Saulo, con ciudadanía romana y antiguo fariseo. Un hombre de una extraordinaria cultura que va a hacer una retrospección de su vida, llegando al momento del nacimiento del cristianismo y la formación de las primeras comunidades cristianas. Él será el encargado de hacer ver a sus compañeros otra forma de entender la existencia desde la fe, la esperanza y el amor. Con esta narración acompañamos en el último viaje a un hombre que recorrió incansable el mundo conocido impulsando la buena noticia de Jesús.

ACTIVIDADES

9 Lee los inicios de todas las cartas de San Pablo y escribe en el cuaderno todas las oraciones que van dirigidas a Dios y a Jesús, el Señor.

10 Lee estos textos y resume con tus palabras por qué es eficaz la oración dirigida a Dios en nombre de Jesús: Jn 15,1-16 y Jn 16,23-27.

11 Por parejas, una vez hecho este recorrido por la oración a Jesús, escribid una oración a Jesús pidiéndole por alguna necesidad de nuestro mundo.

06 Nuevos ritos para nuevos creyentes

Los nuevos ritos de la nueva religión desempeñan también las mismas dos funciones que la oración y las invocaciones a Jesús: sirvieron para tomar distancias de la religión judía y para servir de nexo de comunión entre las diferentes iglesias cristianas que van proliferando fuera de Palestina. Los dos ritos primeros que aparecen en el NT son el del Bautismo y el de la Última cena.

El Bautismo en nombre de Jesús, el Señor. Mediante el Bautismo, los cristianos representaban el dejar atrás su antiguo modo de vivir y el dar comienzo a una vida nueva en la que Jesucristo es el ideal a seguir (Rom 6,3-4; 1Cor 6,11). Mediante el Bautismo todos los cristianos, aunque diferentes en sus modos de seguir a Jesús en sus respectivas comunidades, se sienten todos iguales por la fe en Jesús que no hace distinción entre ellos (Gal 3,26-28).

La Eucaristía es la cena del Señor. La celebración comunitaria de la cena del Señor consiste en un banquete sagrado que Jesús resucitado preside como el *Señor* de la asamblea. Es un banquete (ágape) de comunión entre el Señor y los cristianos. El problema de la celebración de la Eucaristía en las comunidades de Corinto es un buen ejemplo para comprobar la conexión entre Jesús, el Reino de Dios y las diferentes iglesias cristianas. En 1Cor 11,17-34 las diferencias sociales entre quienes participaban de la Eucaristía ponían al descubierto que la celebración de la memoria de la última cena de Jesús no contribuía a que entre los cristianos hubiera más fraternidad y justicia. La crítica de Pablo es muy fuerte (1Cor 11, 20.22.27.29). **Donde no hay justicia no hay Eucaristía.** Es el mensaje del Reino de Dios. Es el lema de la Eucaristía. La cena es cena del Señor porque en ella se hace presente Jesús el Señor y porque en ella se hace visible la justicia y el amor propios del Reino de Dios.

Las ideas de Pitt Ágoras

Xavier Zubiri (1898-1983). Pensando acerca del fundamento de las iglesias cristianas hace una afirmación coincidente con lo expuesto en este tema: «El fundamento de estas "iglesias" en el seno de la "Iglesia" consiste en la transformación radical de nuestra existencia entera, consecuencia, a su vez, de una transformación de nuestro ser entero, de una deificación* por su unión con Cristo. Esta unión se produce por el Bautismo y queda sellada en la Eucaristía».

Deificación: Se refiere al proceso por el cual los cristianos nos vamos haciendo cada vez más parecidos a Dios

ACTIVIDADES

12 Lee los textos de Hch 2,38-39; 8,14-17; 10,44-48. ¿Qué relación hay entre este bautismo de los cristianos y el bautismo de Jesús en el Jordán (Mc 1,9-11)?

13 Debatid en clase sobre el tema «Eucaristía y justicia». ¿Se debe participar en la Eucaristía sin estar comprometido con la justicia? ¿Una celebración de la Eucaristía de la que no salga más comprometido con la justicia sirve para algo?

14 ¿La fe en Jesús, el Señor, tiene consecuencias para la vida? Lee Mc 13,9-13 y Lc 21,12-19. Busca información sobre Ignacio de Antioquía y explica las consecuencias que tuvo para su vida su fe en Jesús.

Y ADEMÁS HOY...

María Magdalena (*Noli me tangere*)

La redacción del evangelio de san Juan (Jn 20,1-2.11-18) acerca del encuentro entre María Magdalena y Jesús resucitado es una joya. El cuadro que en esta página recoge ese encuentro es de Alonso Cano. Se titula *No me toques* (*noli me tangere*, en latín) y se encuentra en el Museo de Bellas Artes de Budapest.

Mirando el cuadro observamos dos personas que se buscan y que se encuentran. Magdalena, de rodillas, con la cabeza alzada, mira a Jesús, todo su cuerpo quiere levantarse, tocar, abrazar a su Señor. Jesús, mirando atenta y serenamente a María, detiene con delicadeza su ímpetu, no deja que ella le toque, porque va de camino hacia el Padre.

El encuentro es de una trascendencia enorme para la historia del cristianismo primitivo. Y es un dato de primera magnitud para resaltar la importancia de las mujeres en los orígenes del nuevo movimiento de seguidores de Jesús. Es María Magdalena, la primera testigo de la Resurrección del Señor Jesús. Hemos hablado en el tema de la fuerza de la experiencia que debieron tener los primeros seguidores de Jesús para confesar desde tan pronto que era Dios. No puede ser otra la experiencia fuerte y revolucionaria que dio origen a la fe en Jesús que esta de las apariciones del Resucitado.

¿Qué nos dicen de Jesús el evangelio de Juan y la pintura de Alonso Cano? Mirando al cuadro observamos que el Jesús resucitado, divino, es el mismo Jesús humano con quien convivieron durante algunos años. Mira las marcas de las llagas en el costado y en el pie. Es el Jesús que fue crucificado (Lc 24,39-40). La divinidad de Jesús se hace patente en su comportamiento tan próximo y humano. Observa cómo la mano de Jesús se posa sobre la frente de la Magdalena, como queriendo calmar su dolor y animarla. Por eso, Jesús aparece en posición de caminante y le dice a María que transmita esta experiencia al resto de discípulos. Es la misión de María Magdalena. Y es la misión de todo testigo de la Resurrección: consolar al triste y afligido con el mismo consuelo recibido de Jesús. Jesús es el maestro (*rabuni*), y *el Señor* y nos envía a la misión de hacer lo mismo que hizo él (Jn 13,13-16). Experimentar a Jesús resucitado es sentir que Jesús vive para ti y que tú vives para él.

Noli me tangere, de Alonso Cano.

«Ahora que me alejo de tu vera/ sé mi voz en mi ausencia. Yo te envío./ ¿Quién eres tú, María Magdalena?/ Entra ya en la corriente del gran río/¿Quién soy yo, Jesucristo, tu Señor?/ que viste de esmeralda la ribera. /Tú eres ave tronchada en azucena. / ¿Qué será de este mundo: fértil era,/o mustio sequedal, vano y baldío? / Yo, lirio en vuelo, alzado en ruiseñor. / Te suplico: sé gota del rocío./ Para este triste mundo preso en pena, / de Dios en nuestra humana sementera / sé discreta presencia de mi amor».

F. Contreras Molina., *El Señor resucitado y María Magdalena. Treinta sonetos de amor y el evangelio de San Juan*, Madrid, 2009.

ACTIVIDADES

15 Entra en www.biblija.net y busca todos los lugares del Nuevo Testamento donde se habla de María de Magdalena. Anótalos en el cuaderno. Ahora haz un resumen de lo que cuentan.

16 Reproduce con técnica libre el cuadro de Alonso Cano.

17 Explica con tus propias palabras cuál es el sentido del poema *Yo te envío*.

Edith Stein (1891-1942)

Nuestro personaje del día es una mujer de vida fascinante: Edith Stein. Nació judía, en Polonia, y murió católica, perteneciendo a una comunidad de carmelitas descalzas, o sea, monja de vida contemplativa. La vida de Edith Stein, **Sor Benedicta de la Cruz**, nos abre a un panorama de la historia de Europa del siglo XX de enorme trascendencia para comprender nuestro mundo actual.

Su vida se comprende bien en esta clave de estar siempre saliendo de un mundo para llegar a otro. Así ocurre con sus estudios. Comienza estudiando humanidades clásicas y acabará desarrollando un pensamiento original de la mano de Edmund Husserl, el fundador de una nueva manera de hacer filosofía que renovará el pensamiento filosófico posterior: la fenomenología. Dejará su ciudad natal y su casa, para trasladarse a Gotinga, estudiar esta filosofía y trabajar como asistente del profesor Husserl. Será la primera mujer que se doctora en filosofía en Alemania (1916).

Edith Stein combió su nombre tras su vocación a Sor Benedicta de la Cruz.

Al poco de llegar a Alemania estalló la I Guerra Mundial (1914). En solidaridad con la situación se presenta voluntaria como enfermera de la Cruz Roja.

De judía poco practicante pasará a pedir el Bautismo como nueva cristiana (1922). Entre los motivos que están presentes en esta conversión, uno fundamental fue la amistad con la mujer de Adolf Reinach, compañero de trabajo en el grupo de Husserl que murió en la Gran Guerra. Su ejemplo de aceptación en la fe de Jesús de la muerte esencial en su conversión.

Luego está el paso a la vocación religiosa: monja, contemplativa, carmelita descalza. No cabe duda que, en esta última fase, las lecturas y la experiencia de vida de Santa Teresa de Jesús fueron cruciales. Ingresa en el monasterio del Carmelo de Colonia en 1933. Además de su vida de monja contemplativa, va a dedicar también su tiempo a continuar con su labor filosófica y teológica: fenomenología y Santo Tomás de Aquino, sus dos referencias fundamentales.

Se traslada al Carmelo de Echt en Holanda (1938) huyendo de la persecución nazi. Antes de poder ser trasladada a Suiza, la Gestapo irrumpe en el convento y pocos días después, el 9 de agosto, es asesinada en la cámara de gas del campo de concentración de Auschwitz-Birkenau. El 11 de octubre del 1988 el papa Juan Pablo II la declara santa en la Plaza de San Pedro del Vaticano.

Entre sus obras destacamos una más filosófica, *Ser finito, ser eterno* (1936) y otra más teológica, *Ciencia de la Cruz* (1942).

ACTIVIDADES

18 Realizad en grupo un cortometraje sobre la vida de Edith Stein. Escoged los momentos más significativos de su vida y las personas que más influyeron en ella y montad la trama de su vida en forma de película.

La llamada de Jesús a los doce (Mc 3,13-19)

Ya hemos hablado alguna vez de lo necesario que es el AT para conocer el NT. Otra clave necesaria para interpretar bien un texto es no perder nunca de vista su contexto. Lo veremos con este importantísimo pasaje de la elección de Jesús de los doce apóstoles. Vamos a fijarnos primero en el contexto anterior al texto (Mc 3,1-12) y luego en el contexto posterior (Mc 3,20-34).

Jesús con los doce apóstoles en la película *La pasión de Cristo*.

El contexto anterior (Mc 3,1-12). Lee primero Mc 3,1-6. Anota en el cuaderno qué tres elementos típicos del judaísmo aparecen en él. Según eso, ¿a quién dirías tú que está dirigiendo Jesús su mensaje, a judíos o a paganos? Y, ¿qué te parece, que Jesús les está felicitando o les está criticando? ¿Por qué? Ahora le llega el turno a Mc 3,7-12. Léelo. Esta tarea es fácil. Busca en un mapa de Israel de la época de Jesús, de dónde es la gente que se agolpa para verle. ¿Son todos israelitas? Con todo esto, ¿a quién va dirigido el mensaje de Jesús?

El contexto posterior (Mc 3,20-34). Vamos ahora con lo que viene después de nuestro texto. Lee Mc 3,20-30. Anota en el cuaderno quiénes son las personas que critican a Jesús. ¡Menuda sorpresa! ¡Eh! ¿O no tanta? ¿De qué religión son los que lo critican? Ahora, mira la respuesta que da Jesús en Mc 3,31-34. ¿A quién te parece que va destinado el anuncio del Reino de Dios? ¿A qué religión pertenecen los que hacen la voluntad de Dios?

Conclusión. Ante la inmensa expectativa que despierta la actuación de Jesús entre la gente y ante la necesidad de que todos, tanto los judíos como los gentiles puedan participar del Reino de Dios que Jesús proclama, el propio Jesús decide convocar a un nuevo Israel, un nuevo pueblo de Dios, que acepte el compromiso de cumplir la voluntad de Dios de llevar la palabra de Dios y su reinado desde Jerusalén hasta los confines de la tierra (Hch 1,8).

Y esto es lo que representa el grupo de los doce apóstoles a los que Jesús llama en Mc 3,13-19. Este texto cobra enorme importancia para comprender la universalidad de la proclamación del Reino de Dios más allá de las fronteras judías: gran lección para los cristianos de las primeras comunidades. Gran lección para los cristianos de las comunidades de hoy si queremos ser fieles a Jesús y llevar su consolación a todos los rincones de nuestro mundo.

Facultad de teología de Granada. Cátedra andaluza para el diálogo de las religiones

Traemos hoy a esta sección a la **Facultad de Teología de Granada** que, especialmente, desde el curso 1992-93 dedica muchas energías a trabajar en la promoción del diálogo y el encuentro con los musulmanes. Cambió su nombre original por el de Cátedra Andaluza para el Diálogo de las Religiones (CANDIR).

Desde entonces el objetivo ha sido «ofrecer a la Iglesia, al mundo académico y a la sociedad una plataforma sólida para la promoción del diálogo, el encuentro y la colaboración entre las religiones desde una plataforma teológica y científica, ofrecer una plataforma a toda persona e institución que desee y pueda decir una palabra históricamente equilibrada, científicamente controlada, y racionalmente articulada sobre las religiones, sus desencuentros, su coexistencia, sus posibilidades de encuentro y colaboración en fidelidad a sus respectivas raíces teologales y teológicas, las posibilidades de su aportación a la estabilización de las comunidades humanas en una paz justa, un desarrollo equilibrado, y una conciencia y praxis del primado de los derechos fundamentales de las personas y comunidades».

Para llevar a cabo estos objetivos y alcanzar los fines pretendidos, son precisas, al menos, estas virtudes: 1ª) una convicción profunda en la propia fe religiosa y en la legítima vivencia religiosa de otras confesiones religiosas verdaderas; 2ª) una persuasión a prueba de contratiempos de que el diálogo es la herramienta adecuada para crecer juntos en dirección a la verdad real en la que todos nos encontramos enraizados; 3ª) una dedicación generosa en tiempo y en implicación personal para entablar contactos frecuentes y profundos con estos otros creyentes; y 4ª) una capacidad grande para estudiar y estudiar y estudiar.

Información de www.teol-granada.com

ACTIVIDADES

19 Enumera algunas noticias recientes relacionadas con problemas vinculados a individuos o estados islamistas.

20 Resume cuál es el objetivo de la Cátedra Andaluza por el Diálogo de las Religiones.

21 Comentad en grupos las virtudes necesarias para alcanzar los objetivos propuestos por la Cátedra. A continuación, elaborad un informe con vuestras conclusiones.

SÍNTESIS

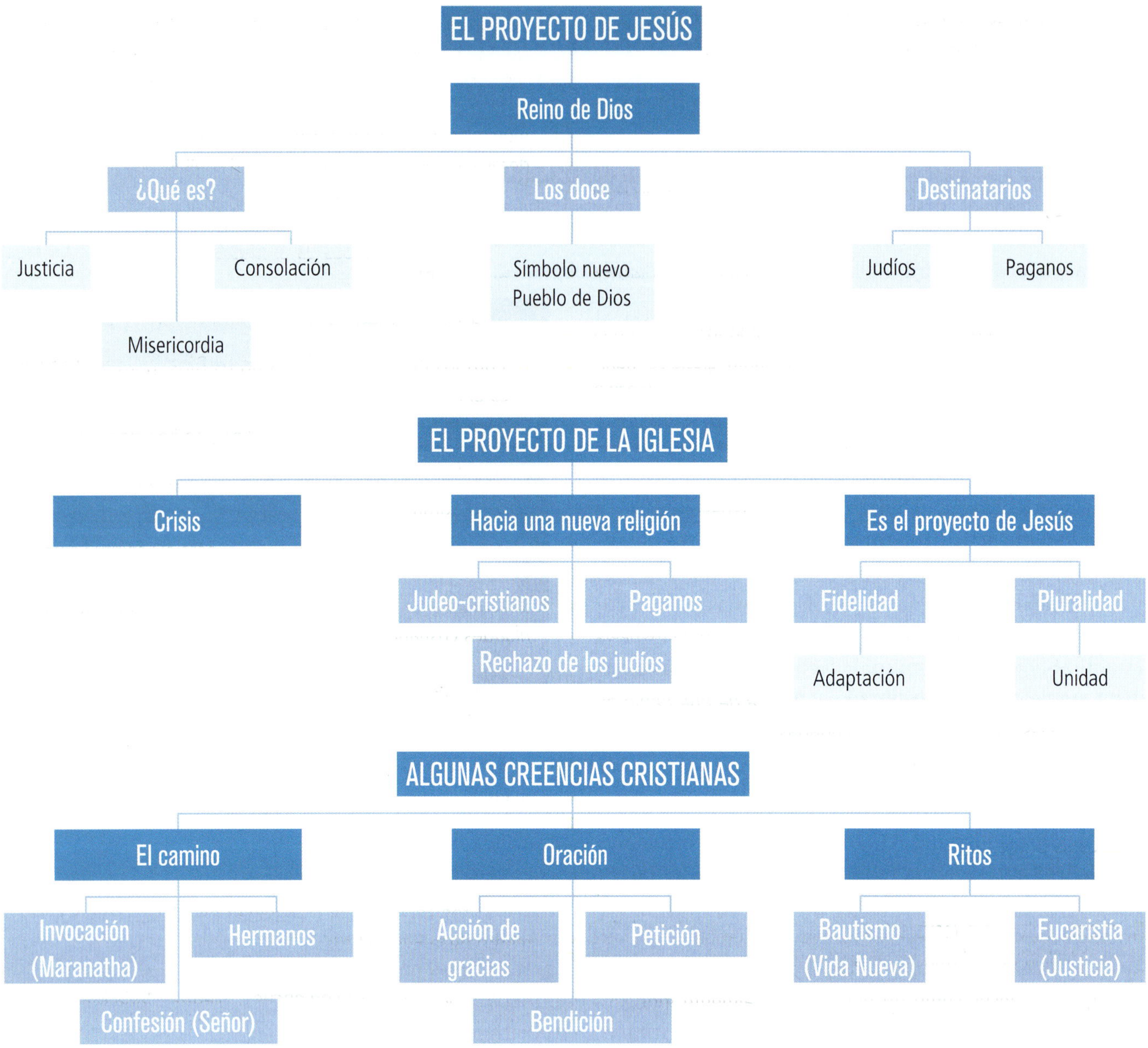

Fuentes

es.wikipedia.org/wiki/Esenios

www.teol-granada.com

http//www.vatican.va/news_services/liturgy/saints/ns_lit_doc_19981011_edith_stein_sp.html

http://www.vatican.va/holy_father/benedict_xvi/audiences/2007/documents/hf_ben-xvi_aud_20070314_sp.html

www.vatican.va/.../vat-ii_const_19641121_lumen-gentium_sp.html

www.biografiasyvidas.com/biografia/p/pablo.htm

ACTIVIDADES DE EVALUACIÓN

1 ¿Cuáles son las características del Reino de Dios que anunció y vivió Jesús de Nazaret?

2 ¿A quién va dirigido el mensaje de Jesús acerca del Reino de Dios?

3 ¿Cuál es la razón de que Jesús escoja 12 apóstoles y no otro número?

4 ¿Qué dudas les entran a los apóstoles tras la muerte de Jesús?

5 ¿Qué relación hay entre Jesús y el origen de la Iglesia según el siguiente texto de LG 5: «El misterio de la santa Iglesia se manifiesta en su fundación. Pues nuestro Señor Jesús dio comienzo a la Iglesia predicando la Buena Nueva, es decir, la llegada del reino de Dios prometido desde los siglos en la escritura»?

6 ¿Cuáles son los rasgos peculiares que caracterizan a la comunidad cristiana de Jerusalén?

7 Indica si son verdaderas o falsas las siguientes afirmaciones:

a. Los primeros cristianos no necesitaron adaptar el mensaje de Jesús a las nuevas circunstancias.

b. Los primeros cristianos se dieron cuenta de que había diferencias y era necesario conjugarlas.

c. Esta es la razón por la que no se puede hablar de comunión en estas primeras comunidades cristianas.

d. Estas primeras comunidades tienen un cierto carácter misionero.

6 ¿Cómo enfocan a Jesús estas primeras comunidades cristianas? Indica qué afirmaciones son verdaderas.

e. Tratan a Jesús como un personaje totalmente independiente de Dios.

f. Enfocan a Jesús como si fuera Dios.

g. Rezan por un lado a Jesús y por otro a Dios.

h. Lo importante es Jesús y Dios solo se mantiene en la tradición judía.

9 Indica cuáles son los parecidos y las diferencias entre las comunidades judeocristianas y las pagano-cristianas.

10 Explica el sentido del término *ekklesia*.

11 Define los siguientes conceptos:

Maranatha	Salmos	Lumen Gentium
Comunidad joánica	Esenios	Qumram

12 Lee los siguientes textos del Nuevo Testamento y anota todas las expresiones que encuentres que hagan referencia a que Jesús es Dios: Flp 2,6-11; Col 3,6-17; Ef 5,19-20.

13 Indica cuáles de estas afirmaciones son falsas y cuáles verdaderas y razona tu respuesta en todas ellas:

a. Para los judíos Jesús no es el Mesías.

b. Para los judíos Jesús es el Mesías, pero eso no significa que sea Dios.

c. Para los judíos Jesús es el Hijo de Dios, pero no es el Mesías.

d. Para los musulmanes Jesús no es Dios, porque Dios sólo es el Padre.

e. Para los musulmanes Jesús es Dios y no hay más Dios que Él.

f. Para los musulmanes Jesús es Dios pero el Padre no puede serlo porque sólo hay un Dios.

g. Para los musulmanes Jesús es Dios pero el Espíritu Santo no.

14 Indica los diferentes tipos de oración de las primeras comunidades cristianas.

15 ¿Cuáles son los dos nuevos ritos fundamentales de estas comunidades?

16 ¿Qué interpretación le dan estas comunidades al sacramento del Bautismo?

17 ¿Por qué se dice que la Eucaristía es un ágape?

18 ¿Qué problema tenía la comunidad de Corinto con el sacramento de la Eucaristía?

19 Describe la experiencia de encuentro entre María Magdalena y Jesús resucitado. ¿Qué significa «experimentar que Jesús ha resucitado»?

20 Destaca los aspectos fundamentales de la vida de Edith Stein.

21 ¿Cuáles son los objetivos de la Cátedra Andaluza para el Diálogo de las Religiones?

22 ¿Qué quiere decir la siguiente frase de Edith Stein: «Quien busca la verdad, sea o no consciente de ello busca a Dios»?

23 Confecciona una lista con los nombres de los apóstoles de Jesús consultando la Biblia.

24 ¿Por qué se dice que la aparición de Jesús resucitado a María Magdalena es un paradigma de todo encuentro con el resucitado?

05 La Iglesia: sacramento de Salvación

¿Qué es la Iglesia? ¿Cuál es el «secreto» de su permanencia a través de los siglos? ¿Qué es la «gracia» que habita en su interior? ¿Cuál es la función de los sacramentos? Todas estas preguntas encontrarán su respuesta en las páginas que siguen. En los siglos de su existencia la Iglesia ha tenido en su seno santos y pecadores; esto es así porque el trigo y la cizaña crecen juntos hasta la siega final. Pero hemos de reconocer que, en todo este tiempo, ha habido más santidad que pecado en la Iglesia; que ha hecho muchas más cosas buenas por la humanidad que pecados cometidos. ¡Vamos a verlo!

El encuentro con Cristo, gracias a la acción invisible del Espíritu Santo, se realiza en la fe recibida y vivida en la Iglesia. Ser el sacramento de la unión íntima de la humanidad con Dios es el primer fin de la Iglesia.

La Eucaristía es el lugar privilegiado del encuentro del discípulo con Jesucristo. Con este sacramento Jesús nos atrae hacia sí y nos hace entrar en su dinamismo hacia Dios y hacia el prójimo.

Jesús está presente en medio de una comunidad viva en la fe y en el amor fraterno.

1. ¿Qué realidad profunda recrean estas imágenes?
2. ¿Qué finalidad tiene la Iglesia?
3. ¿Dónde podemos encontrar a Cristo?

01 ¿Es la Iglesia un misterio?

7 sacramentos: Bautismo, Penitencia, Eucaristía, Confirmación, Matrimonio, Orden, Unción de enfermos

La Iglesia ha recibido críticas y acusaciones a lo largo de la historia. Algunas tienen que ver con que en ocasiones no ha actuado como se esperaba de ella, acumula riquezas y posesiones cuando en el mundo hay tanta pobreza, no se acomoda a los tiempos modernos...

Se suele partir de un error bastante generalizado: identificar a la Iglesia única y exclusivamente con la jerarquía clerical y la administración de la misma. Probablemente si definimos Iglesia más concretamente, es posible que algunos ya comiencen a sentirse más identificados y menos excluyentes. Iglesia viene de la palabra griega *ecclesia*, que significa asamblea o reunión del pueblo. Ese es el significado que le damos a Iglesia: La comunidad de cristianos que se reúnen para celebrar su fe, es decir, toda la comunidad, todos los bautizados son los que forman parte de la Iglesia, no solo una parte de ellos.

Sin embargo, para los cristianos, la Iglesia no es solamente una comunidad humana, sino que también, y sobre todo, es obra del mismo Dios a través del Espíritu Santo que Dios envió a los apóstoles en Pentecostés (Hch 2,1-13.43-47) y que permanece constantemente presente en la vida de la Iglesia. Es la unión de estos dos elementos esenciales —la comunidad y el Espíritu Santo— por lo que decimos que **la Iglesia es un misterio**. En definitiva, porque tiene elementos invisibles, espirituales como que Cristo está presente, el Espíritu Santo da la gracia, la palabra de Dios es eficaz, etc., pero su realización a través de la historia se da mediante elementos visibles como las personas, los templos, los objetos sagrados, etc. Y el hecho de que esto suceda es un misterio, y la realidad necesita de la fe para ser comprendida. Cuando decimos la palabra misterio, no nos referimos a una realidad que no se puede conocer

Cuando estudiaste el lenguaje de los sacramentos, vimos cómo símbolos que habitualmente tenían un significado, pasaban a tener otro mediante la acción del Espíritu Santo a través de las palabras y los gestos. Para comprender este hecho necesitábamos de la gracia de la fe. A esto lo llamamos un sacramento. Bien, pues cuando hablamos de la Iglesia, nos está sucediendo lo mismo, por eso decimos que la Iglesia también es un sacramento.

¿Alguna duda?

¿Entonces por qué se llama iglesia al edificio?

Al comienzo no había edificios, se reunían en las propias casas de los cristianos, principalmente para celebrar la Eucaristía y algunos sacramentos como el Bautismo. Tras el edicto de Milán (313) que proclama la libertad religiosa, la comunidad crece y se construyen o se adaptan basílicas para estas celebraciones. En ellas se reúne la asamblea, la *ecclesia*. Así, paulatinamente, comenzó a llamarse iglesia a los edificios en los que se celebraban los sacramentos y eran el centro de la vida cristiana

ACTIVIDADES

1 Lee el nº 4 de LG indicando qué es lo que dice sobre el Espíritu Santo y la Iglesia.

2 Busca cuatro noticias en los medios de comunicación que tengan que ver con la Iglesia y responde a las siguientes preguntas:

a. ¿Cómo tratan a la Iglesia en sus elementos visibles o invisibles?

b. ¿Crees que tienen en cuenta a la Iglesia como un misterio o simplemente como una realidad social humana?

c. ¿Por qué crees que en la mayor parte de las ocasiones rehúyen la parte espiritual de la Iglesia y solo se centran en la sensible?

02 Santos y pecadores

Todos hemos nacido en el seno de una familia. Es cierto que no la hemos elegido y seguramente tiene muchísimos defectos pero seguro que no la cambiaríais por otra. ¿Os habéis planteado la posibilidad de buscar otra familia porque la vuestra no os gusta?

Con la Iglesia sucede algo similar. Gracias a ella hemos conocido el Bautismo, hemos recibido el Espíritu. ¿Tiene fallos? Muchísimos. A lo largo de la historia se han cometido multitud de errores y más importantes en la medida en la que son realizados por personajes con influencia. ¿Pero creéis que eso es causa para alejarse de ella? ¿Si no se hace con la familia por qué con la Iglesia sí? Ella también es una familia de la que sois parte, formada por personas, que aún con el Evangelio como meta, también son pecadoras. Muchas veces conscientemente, otras pensando que realizan lo mejor aunque se equivoquen. La Iglesia es pecadora porque está formada por hombres y mujeres que pecan, pero también es santa porque en su seno muchas personas alcanzan la santidad a la cual debemos tender todos los cristianos desde que somos bautizados.

Desde el comienzo, los cristianos eran conscientes de que creer en Jesús y recibir el Bautismo exigía una existencia muy elevada. Había que imitar a Jesús, llevar a cabo el mandamiento del amor. Eso no era fácil. Todos los cristianos debemos intentar ser santos. Como miembros de la Iglesia, esta también debe tender a la santidad. Dios es la santidad por naturaleza. La Iglesia está instituida y guiada por el mismo Dios a través del Espíritu Santo, por lo tanto es santa. Cristo amó a la *ecclesia*, se entregó por ella a fin de santificarla (Ef 5, 25-27). Pero una cosa es lo que es dado por Dios y otra muy distinta lo que es realizado por los hombres. Así que proclamar que la Iglesia es santa no significa excluir el pecado dentro de ella, sino la **indisolubilidad*** de la unión de Cristo con la Iglesia. Consideramos que algunos ya lo han conseguido, que su vida ha sido un ejemplo y los declaramos santos.

Dentro de la Iglesia se encuentra el pecado que debe conllevar al perdón y la misericordia o a la exclusión de la comunidad. Por eso la Iglesia tuvo que desarrollar la fórmula para el perdón, para la penitencia y la misericordia.

* **Indisoluble:** que no se puede dividir.

"Toda la vida de Cristo es revelación del Padre, que envía a su Hijo amado para la Salvación de la Humanidad. Durante toda su vida, Jesús se muestra como nuestro modelo («Os he dado ejemplo para que lo que yo he hecho con vosotros, vosotros también lo hagáis», Jn 13,15) y nos invita a seguirle como hace con los primeros discípulos («Venid en pos de mí y os haré pescadores de hombres»). Ante esta invitación hay que dar una respuesta como la que dio la mujer samaritana de Jn 4,1-42 «muchos samaritanos creyeron en él por el testimonio que había dado la mujer» o declinar la invitación («ven y sígueme») como el joven rico de Mc 10,17-30 que no pudo dejar sus tesoros en la tierra a cambio del tesoro en el cielo.

ACTIVIDADES

3. Busca la biografía de algún santo y contesta a las siguientes preguntas:
   a. ¿Qué es lo que más destaca de su vida?
   b. ¿Qué consideráis que se debería imitar por el resto de la humanidad?
   c. ¿Por qué consideráis que para la Iglesia ha merecido el calificativo de santo?
4. ¿Por qué consideráis que muchos jóvenes actuales afirman que creen en Dios pero en la Iglesia no? ¿Qué le responderíais vosotros?
5. Imagina que debes escribir un artículo para la revista del colegio/instituto donde explicas por qué no vale creer en Dios y en la Iglesia no. Redáctalo en tu cuaderno.

03 Iglesia como pueblo de Dios vivido en comunidad

El pueblo judío se consideraba un pueblo elegido, un pueblo llamado por Dios, escogido por él y con el que había firmado un pacto, un contrato, una alianza. A lo largo de los siglos, el devenir de este pueblo había sido una lucha por el cumplimiento de ese pacto. Dios ayudaba a su pueblo en la medida que este cumplía su parte del compromiso.

Los primeros cristianos consideraban que los verdaderos herederos de esa elección como pueblo escogido eran ellos, y que se habían convertido en un nuevo Pueblo de Dios. Su base se fundamentaba en un hecho incuestionable: la nueva alianza, el nuevo pacto establecido con Dios a través de la sangre derramada por Jesús. El mismo Jesús lo había dejado claro en la Última Cena: «Este cáliz es la nueva alianza en mi sangre, que es derramada por vosotros» (Lc 22,20).

La palabra pueblo tiene unas connotaciones que nos conducen irremediablemente a un grupo de personas que mantienen entre sí unas relaciones de cercanía y colaboración, lo que entendemos por una comunidad de personas. Jesús nos dijo claramente cuál debía ser el nexo de unión entre esas personas: el amor mutuo. Con ese **axioma*** por bandera, cada miembro del grupo tendrá una misión cuyo objetivo final es el marcado por Jesús. Así, unos se dedicarán a labores sociales para ayudar a los demás, otros celebrarán los sacramentos, otros se encargarán de formular las denuncias de injusticia, los habrá que se dediquen a la oración, etc. En definitiva, como un trabajo en grupo en el que todos participan y hacen su parte.

En la comunidad eclesial a esto, se le conoce como **carismas**. Estos carismas ya los comprendieron y los fueron organizando con nitidez en las primeras comunidades cristianas. Comprendieron que era necesario organizarse para que la comunidad fuera próspera y el mensaje de Jesús calara en las personas. Lo que sí debe de quedar claro es que estas funciones son necesarias para que una comunidad funcione y se ponga en marcha.

En conclusión, dentro de la Iglesia hay una variedad de grupos y misiones manteniendo su unidad fundamental en la referencia a Dios. Es el Pueblo de Dios, un pueblo nuevo, que selló su pacto a través de Jesús y que intenta mantener la vivencia que su vida y mensaje nos enseñó.

En torno al pan y el vino se reúne la comunidad para celebrar la Eucaristía.

Axioma: teorema, principio proposición.

ACTIVIDADES

6 Compara la alianza del Sinaí que estableció Dios con los judíos (Ex 19,1-10) con la que se establece en Lc 22, 20.

7 Lee Hch 2,43-47 y explica:

a. ¿En qué se ve que son una comunidad?

b. ¿Qué es lo que nos hace comprender que se trata de una comunidad cristiana?

c. ¿Qué funciones de sus miembros aparecen?

La ventana interreligiosa

La Iglesia Católica y las otras Iglesias

Aunque la Iglesia es santa, está formada por hombres y mujeres que cometen aciertos y errores. A lo largo de la historia, la Iglesia ha sufrido diversas divisiones de las que nacieron los ortodoxos, los protestantes y sus diversas sectas, o los anglicanos. Las causas de las rupturas son diversas: por diferentes maneras de entender el mensaje de Jesucristo, por diferencias culturales y políticas entre las diversas comunidades cristianas, por divergencias a la hora de entender la primacía del sucesor de san Pedro, o simplemente porque en medio de la fe se introdujo la política y los intereses particulares. Sin embargo, todos comparten la fe en Jesús, aceptan la Biblia como norma de vida, y reciben el Bautismo como sacramento de iniciación.

04 La Iglesia, sacramento de Salvación

Los sacramentos están formados por signos instituidos por Cristo, sensibles, visibles, a los que añadiendo las palabras y los gestos adecuados, nos ponen en relación con otra realidad que no es sensible o visible. Dios mismo se hace presente en la vida de todo hombre y recibe la **gracia*** (acción salvífica).

Cuando decimos que la Iglesia es un sacramento, queremos decir que, al igual que los sacramentos son instrumentos en los que se obtiene la gracia de Dios, la Iglesia es un instrumento del que Dios se sirve para transmitirnos la Salvación universal. Pero, ¿qué es la Salvación? ¿De qué nos salva? La Salvación es encontrar sentido a nuestra vida y alcanzar aquello que Jesús nos prometió: el Reino de Dios. A su vez, esto se convierte en una de las labores fundamentales de la Iglesia: que la Salvación, el Reino que propuso Jesús, se extienda por todo el mundo y que el Padre, por medio del hijo, nos libere del pecado y la muerte. No es una tarea fácil, ¿verdad?

La gracia de la que hemos hablado se vale de instrumentos humanos para hacerse presente, nada extraño desde el momento que Dios mismo se sirvió de la humanidad de Jesús para transmitirnos la Salvación. La unión de lo divino y de lo humano permanece presente desde el comienzo. La Iglesia manifiesta de esta manera esa unión, y al igual que en Jesús — el primer gran sacramento— en el que se unen una humanidad visible para todos y una divinidad invisible, en la Iglesia también se une una parte humana y una parte divina.

Esto requiere de la práctica de la fe. Y para que aparezca la fe, se necesita primero de la escucha, de haber oído la noticia que necesita ser objeto de la fe. No surge como objeto de reflexión, sino de algo que se ha oído y que después de interiorizado aparece desde fuera, desde el exterior como solución para hacerlo comprensible a nuestra inteligencia. ¿Quién es la encargada de transmitirnos esa noticia de generación en generación? Pues, sin duda, los que recibieron ese mandato, los apóstoles y sus sucesores. Una vez que la noticia es creída y aceptada por medio de la fe, ahora somos nosotros los que participamos de ese apostolado, somos los encargados de no dejar en nuestro interior lo que hemos visto con claridad y debemos exponerlo a los demás para que sean otros los que escuchen, oigan y crean. Así la Iglesia, que existe por y para los hombres de este mundo, se convierte también en un símbolo de transmisión de la fe.

*

Gracia: regalo de Dios a los hombres que se obtiene con el Bautismo y demás sacramentos y que se pierde por el pecado. Gracias a ese don los cristianos son hijos de Dios.

ACTIVIDADES

8 Indica cuál es la parte invisible y la parte visible de dos sacramentos que tú conozcas.

9 Busca en un diccionario el significado de la palabra gracia e intenta relacionarlo con el significado de acción salvífica que se le da en el cristianismo.

10 Realiza un recuadro en tu cuaderno en el que aparezcan los aspectos visibles de la Iglesia en un lado y los invisibles en el otro.

05 Iglesia y sacramentos

Cuando Jesús abandonó su existencia terrena y dejó de ser visible para los hombres, los apóstoles no supieron cómo iba a cumplir su promesa de estar siempre presente en medio de ellos, en medio de la Iglesia. ¿Cómo iba a ser posible? Ya sabemos que la Iglesia es signo y sacramento de Salvación que Dios utiliza para hacerse visible al mundo y así poder entrar en contacto con las personas. Jesús va a servirse de un lenguaje simbólico mediante signos y a través de la Iglesia, que le va a permitir ese contacto entre Dios y los hombres que quieran ser miembros de la comunidad cristiana.

Ante este hecho, la Iglesia debe ser consciente de la responsabilidad adquirida y así, en su parte visible, debe estar siempre organizada y funcionar para que la gente se sienta movida por el Evangelio y se acerque a los sacramentos, al contacto con Dios, a la Salvación. Viendo a la Iglesia podemos descubrir a Jesús, dar cuerpo al Jesús resucitado. Ella se convierte en la presencia de Jesús en el mundo y la continuidad de sus palabras y sus gestos. La Salvación puede llegar a pesar de ella, pero no sin ella.

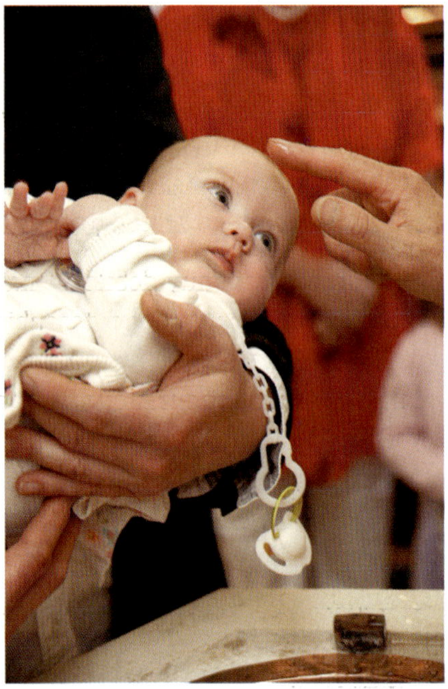

¿Cómo puede hacer todo eso la comunidad de creyentes? En realidad, esta tarea la realiza cada uno de los componentes de esa comunidad que, en nombre de Jesús, predican el Evangelio, asisten a enfermos y moribundos, a gente abandonada, a parados, a inmigrantes... Todos, mediante estos gestos, hacen presente el nombre de Jesús en su Iglesia. Estos miembros de la Iglesia, con ese trabajo desinteresado, poniendo en práctica el mensaje evangélico del amor, con ese testimonio y trabajo a favor de las personas más necesitadas, son el signo más eficaz de la presencia de Jesús en medio del mundo.

La Iglesia está presente en la vida del cristiano, lo acompaña, lo sigue también en esos momentos importantes de la vida y con mayor intensidad como pueden ser el nacimiento, la adolescencia, la enfermedad o la muerte. ¿Cómo podría no estar Jesús presente en esos grandes acontecimientos de nuestra existencia? Lo hace mediante esos signos que la Iglesia pone a nuestra disposición para que Jesús nos acompañe y se haga presente: los sacramentos.

ACTIVIDADES

11 Realizad en grupos un mural sobre alguna de las actividades que realiza la Iglesia y presentadlas al resto de compañeros.

12 Realiza un cuadro con algunos de los signos que la Iglesia utiliza para comunicarse con Dios.

13 Hay grandes personajes de la historia que han dedicado su vida al servicio de los más necesitados. Busca alguno y realiza una pequeña biografía en tu cuaderno.

06 Al encuentro de Cristo a través de la Iglesia

Conocemos a muchas personas que han sufrido un cambio radical en sus vidas a partir del encuentro con Jesús. También somos conscientes de otras muchas que se han alejado de él porque no han sabido buscar o reconocer ese encuentro.

La Iglesia nos propone una serie de símbolos y fórmulas en las que Jesús se nos manifiesta a los creyentes. ¿Entonces por qué hay gente que no lo percibe o que incluso cada vez se aleja más? Vamos a ver algunas de esas causas:

- Nunca llegaron a tener una experiencia autentica de encuentro con Jesús. Si ese encuentro se hubiese dado, el cambio hubiese sido inmediato ya que lo primero que se manifiesta es la importancia del amor. Si esa experiencia no se tiene, el acercarse a la Iglesia se convierte en una rutina. En cambio el que ha descubierto ese amor en el encuentro con Cristo va a acudir a su cita con ansia, con deseo.
- El materialismo les proporciona un engañoso bienestar en el que se sienten cómodos. Sin embargo, es un bienestar fugaz, pues necesita ser alimentado constantemente por el consumismo. El que se encuentra con Cristo ya no necesita eso porque él le proporciona todo para su felicidad. Acercarse a los sacramentos, al encuentro con él proporciona el alimento espiritual y las ganas suficientes de seguir viviendo.
- No quieren comprometerse. Se muestran inseguros. El encuentro con el Resucitado conduce a un compromiso para el que no se encuentran preparados.
- Unos cimientos muy débiles. Una educación frágil en valores y amplia de conceptos vacíos. No han descubierto la fe, o la que han adquirido es tan débil que ante la primera prueba se encuentra con un muro insalvable para ellos y optan por no franquearlo. Todo ello es consecuencia de no haber sido partícipes de una fe verdadera dentro de la familia. No han tenido modelos cercanos que les hagan ver lo que supone el verdadero encuentro con Jesús. Pueden haber sido cristianos dentro de ese hogar, pero no se ha ejercido ese cristianismo.
- La Iglesia nos proporciona un marco en el que encontrarnos con Cristo, en el que hacerlo presente en nuestras vidas, en las que se convierte para el creyente en un sacramento que nos acerca a la Salvación.

ACTIVIDADES

14 En grupos, confeccionad un cuadro en el que aparezcan los efectos positivos y los negativos del encuentro con Jesús.

15 En el punto anterior hemos desarrollado algunas de las causas por las que al hombre actual le cuesta acercarse al encuentro con Cristo, pero hay más. Enumera algunas de las causas que se pueden ver en la sociedad que te rodea.

16 Según lo estudiado en esta unidad, elabora una lista de lugares o momentos en los que se puede acercar uno a la búsqueda del encuentro con Cristo.

Las ideas de Pitt Ágoras

Hans-Georg Gadamer es un filósofo que ha reflexionado mucho acerca de cómo interpretar la vida y la historia de las personas. Relacionando su reflexión con lo expuesto en este tema acerca de la Iglesia como Pueblo de Dios con tantos años de historia leemos: «Estamos continuamente dentro de la tradiciones y este estar dentro es algo que sentimos como propio, un reconocerse en la libre apropiación de la tradición»

Y ADEMÁS HOY...

La Navicella de Giotto

La imagen de la basílica de San Pedro del Vaticano es bien conocida. Pero no siempre ha sido así. Las primeras comunidades cristianas de Roma, tras la libertad religiosa que les brindó Constantino, construyeron una pequeña capilla allí donde se encontraba la tumba del apóstol san Pedro. Con el Edicto de Tesalónica que promulgaba al cristianismo como religión oficial se hizo necesario la y construcción de una basílica que albergara la cabeza de la Iglesia y a la creciente congregación. Así, tras diferentes remodelaciones, se configura la basílica del Vaticano que perduró hasta el Renacimiento, cuando se comenzó a construir la actual.

Reproducción de la original *Navicella de Giotto.*

La antigua basílica estaba construida siguiendo el estilo de las grandes basílicas romanas. Tras acceder por unas escalinatas que se convirtieron en legendarias porque los peregrinos solían subirlas de rodillas en acto de penitencia, se accedía al atrio. En el centro de la nave se encontraba una fuente cubierta por un palio. La verdadera admiración llegaba cuando uno se daba la vuelta y miraba hacia la puerta. Allí, ocupando toda la pared interior del acceso al atrio, un enorme mosaico lleno de colorido lo inundaba todo. Realizado por uno de los grandes artistas italianos antecesores del Renacimiento, Giotto, representaba a san Pedro caminando sobre las aguas y la barca detrás, dominando toda la escena con la vela desplegada. Esta representación reivindicaba el lugar en el que se encontraban: la casa de San Pedro y la de sus sucesores. El lugar desde donde se dirige la nave de la Iglesia.

En la actualidad se encuentra muy restaurada en la nueva basílica. No obstante, lo que llama la atención es la identificación de Pedro como piedra sobre la que se sustenta la Iglesia, y el papel del papado como garante de esa labor.

Antes de acceder a la basílica se encontraba el nártex, un soportal desde el cual podían seguir las celebraciones litúrgicas los catecúmenos, los que aún no habían sido bautizados y aún no podían participar de la celebración. El interior de la basílica, con aspecto de gran nave dividida por columnas conducía hasta el altar.

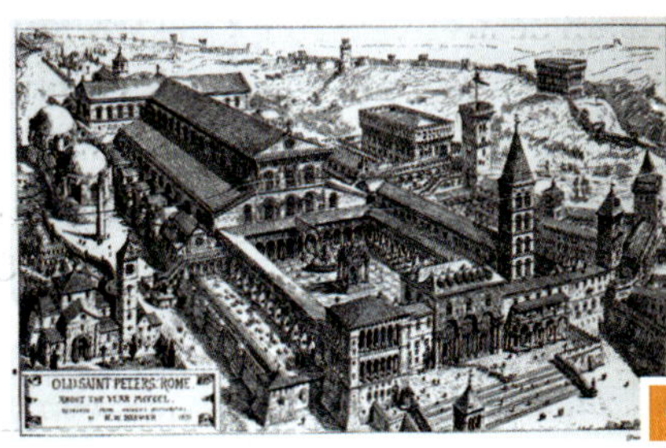

Reproducción de la antigua Basílica de San Pedro.

El obelisco que hoy preside la plaza de san Pedro es de lo poco que aún se conserva del antiguo edificio, aunque antes se encontraba en las afueras de la basílica, sin la importancia que hoy tiene. Sin duda, aquello que llamaba profundamente la atención de los peregrinos era el impacto que producía en ellos aquel enorme mosaico.

ACTIVIDADES

17 Averigua cómo era la antigua Basílica de San Pedro. Busca diferentes imágenes de la misma.

18 Explica lo que significa nártex y atrio

19 En la actualidad aún se conserva en Roma una gran basílica que tiene la estructura que tenía la antigua del Vaticano. Investiga cuál era y realiza un pequeño informe sobre cómo es.

Yves Congar

Si hay en la historia de la Iglesia un personaje conocedor de la Iglesia y de su verdadero papel, este es, sin duda, este dominico, teólogo de prestigio, ampliamente abierto a su tiempo y uno de los artífices de la reforma en la concepción de la Iglesia que supuso el **Concilio Vaticano II***.

Nacido en 1904 vivió las dos grandes guerras mundiales que, sin duda, le ayudaron a formar una idea clara sobre el ecumenismo. Durante la primera, quedó impresionado por el gesto de un pastor protestante que cedió inmediata y libremente su pequeña capilla protestante al sacerdote católico que había perdido la iglesia en los bombardeos. Durante la segunda, fue hecho prisionero en un campo de concentración nazi en el que entabló contacto con protestantes y anglicanos. Con ellos estableció un diálogo fructífero para encontrar el verdadero ser de la Iglesia.

Estos hechos van a estar presentes en su trayectoria vital e intelectual. En 1925 entró en la orden dominica donde **profesó*** un año después. Estudió y se ordenó sacerdote. Su tesis versa sobre la unidad de la Iglesia en la que ya plasma ese sentimiento que había adquirido. Pronto se convertirá en Francia, junto a otros teólogos, en la encarnación de una nueva teología no muy bien vista por las esferas del Vaticano y superiores que terminarán recluyendo al silencio y al destierro en Jerusalén y Oxford. El padre Congar reaccionó a estas medidas con sentimientos de ansiedad y, en ocasiones, incluso de cólera personal aunque siempre obedeció. Había pasado cinco años encerrado en un campo de concentración nazi y en ocasiones llegó a sentir la misma rebelión y ansiedad. Una visión de la Iglesia donde el **clericalismo*** reinante pase a un segundo plano y el **laico*** ocupe el lugar que le corresponde como bautizado, más una visión de las relaciones con las otras iglesias basadas en un diálogo constructivo, serán la causas de sus penas, pero también la carta de presentación que años más tarde le permitirán participar en el Concilio Vaticano II y dejar en los escritos conciliares la impronta de su forma de ver las cosas.

El reconocimiento le llegó posteriormente y el premio se lo dio Juan Pablo II, ya en la última cuesta de su vida, nombrándole cardenal de la Iglesia a la que tanto había amado y por la que tanto había sufrido. Víctima de una enfermedad neuronal acabó sus días impedido físicamente pero intelectualmente activo.

El teólogo Yves Congar participó en el Concilio Vaticano II.

Concilio Vaticano II: último concilio de la Iglesia. En él se reúnen todos los obispos del mundo para reorganizar y legislar el funcionamiento de la Iglesia.

Profesar: en el mundo monacal se denomina así al ritual mediante el cual se juran los grandes votos monásticos de pobreza, castidad y obediencia.

Clericalismo: intervención excesiva del clero en la vida de la Iglesia, que impide el ejercicio de los derechos a los demás miembros del Pueblo de Dios.

Laicado: en la Iglesia, se denomina así a la condición o conjunto de los fieles no clérigos.

La información del Mac-abeo

Hay una serie de signos exteriores que identifican la labor de los obispos o presbíteros dentro de la Iglesia. Así, todos los obispos llevan un anillo símbolo de la alianza con la Iglesia. El del papa contiene una imagen de san Pedro echando las redes. Una de las curiosidades de este anillo papal es que es destruido a su muerte. Otros símbolos del obispo son la mitra, como un gorro terminado en dos puntas y el báculo, especie de bastón con la extremidad superior en curva que simboliza al pastor cuidando su rebaño. La cruz de metal en el pecho es probablemente el símbolo más apreciable y reconocido.

ACTIVIDADES

20 Averigua cuáles fueron las obras escritas más importantes de este autor.

21 Explica qué es lo que más te ha impresionado de su figura.

22 Junto a este autor destacan otros teólogos encuadrándose «la Nueva Teología»: Henri de Lubac, J. Danielau y Chenú. Realiza una pequeña biografía de cada uno de ellos.

CON LA BIBLIA ENTRE LAS MANOS

La vida de los primeros cristianos (Hch 2,41-47)

Este pasaje del libro de los Hechos es clave para conocer los fundamentos organizativos de la Iglesia. En él se nos explica cómo vivían estas primeras comunidades y, a su vez, nos está marcando el camino para el resto de cristianos.

Así el texto nos habla de cómo los cristianos acudían asiduamente a las enseñanzas de los apóstoles ¿pero quiénes eran los que acudían? Parece ser que solo los bautizados. Según esto, necesitaban comprender, asimilar y reflexionar para mantener el compromiso de vida adquirido. **¿No contrasta esto con la idea actual de que ya no hay que leer ni aprender más de nuestra fe una vez que se ha hecho la primera comunión?** Sin duda esto nos debería hacer reflexionar sobre los conceptos de fe que manejamos en la actualidad. Para amar a alguien es necesario primero conocerlo. Por eso estos cristianos acudían a las enseñanzas de los apóstoles, los que convivieron con él, quienes tienen como misión transmitir el mensaje que recibieron. Solo desde el conocimiento podemos amar a alguien ¿Os enamoraríais de una persona solo por lo que os cuentan los demás, o en cambio necesitarías conocerla por vosotros mismos para dejar brotar vuestros sentimientos?

Se reunían para partir el pan, la Eucaristía es el centro fundamental de la vida de la comunidad. Por eso debemos entender la Eucaristía como ese momento de encuentro con Jesús y no como acudir a la repetición de una serie de palabras que escuchamos cada vez que acudimos a la misa dominical.

La oración en comunidad también constituye uno de los pilares fundamentales de estas comunidades. Todo lo ponen en común, incluso la oración. Cuando esto sucede significa que tú oras por otros mientras otros orarán por ti. Se mantiene ese espíritu comunitario de tenerlo todo en común.

Estos primeros cristianos renunciaron a la propiedad privada para ponerla al servicio de los demás. Sin embargo, hacían el reparto no igualitariamente sino según las necesidades: más para el que menos tiene y menos para el que más posee.

Esta forma de vivir llamaba la atención. Eran estimados por todos. El testimonio, la forma de vida, se convierte en esencial para proclamar el Evangelio y, a su vez, debe ser el paradigma que marque el caminar por la vida.

Cristo entrega las llaves de la Iglesia a Pedro, de Perugino.

Un poquito de cine por favor

La última cima

Esta película-documental, galardonada con varios premios, narra la vida de Pablo Domínguez Prieto, sacerdote madrileño que falleció en el 2009 en un accidente al descender la cima del Moncayo, cuando tenía 42 años. Nos muestra la vida de sacerdote alegre, generoso, servicial y humilde.

ACTIVIDADES

23 Periodista por un día. Acude a una celebración parroquial y describe cuáles son los actos fundamentales que aparecen. Describe la experiencia en un artículo que presentarás ante tus compañeros.

24 Compara aquellas acciones de estas primeras comunidades cristianas con la actualidad. ¿Dónde hay paralelismo? ¿Dónde nos hemos desviado con el paso del tiempo?

25 ¿Crees que este sistema de vida se podría llevar a cabo en la actualidad? ¿Por qué?

Comunidad *Pueblo de Dios*

> «Un pueblo caminante que busca a Dios, con el afán por vivir, todos juntos, la razón profunda del Evangelio».

En Niebla, Huelva, un grupo de personas tratan de materializar el espíritu comunitario que transmite la idea de Iglesia como Pueblo de Dios. Vuelve su mirada a los orígenes del cristianismo y nos demuestra que es posible.

En 1981 esta comunidad comienza su marcha pero su origen se sitúa unos años atrás en el matrimonio de Rosa Escala y Vicente Morales. Fundan el grupo musical *Brotes de Olivo*. Se asentaron en una finca, a la que llamaron *Tierra*. Poco a poco y tomando como ejemplo a las primeras comunidades cristianas, establecen un lugar que quieren convertir en auténtico pueblo de Dios, donde sea posible vivir en igualdad, sirviendo a la Iglesia y rescatando del olvido aquello a lo que nos referimos como orígenes del cristianismo.

La *Tierra* se comenzó a transformar en un lugar de encuentro para los creyentes que llegaban desde diferentes puntos del país. *Pueblo de Dios* empezó a celebrar la Pascua con la riqueza procedente de la vivencia comunitaria y de fe de las personas que residían allí todo el año. El resultado fue que ese lugar comenzó a acoger a multitud de creyentes que en Semana Santa experimentaban la riqueza de la Palabra, la oración y el encuentro compartido. Siempre desde su lema «Todos Uno», con el que reiteran la necesidad de unir las diversas sensibilidades de quienes siguen a Jesús.

Una única regla preside a sus habitantes: ser fieles a sí mismos y a Dios. Deberán hacer lo que consideren más adecuado y correcto teniendo siempre presente el Evangelio. Viven muy humildemente y confiados constantemente en la Providencia. Nunca les falta nada porque todo lo comparten.

No tienen un trabajo remunerado, viven entregados a la evangelización, a ese mandato que Jesús transmitió a todos sus seguidores. Reciben a todo grupo o persona que quiera pasar allí una temporada y se ponen a su disposición para todo aquello que consideren necesario.

ACTIVIDADES

26 En grupos, visitad http://www.todosuno.org/pueblodedios/ y repasad la historia de la comunidad. Realizad un mural que sirva como presentación al resto de los compañeros de esta comunidad tan especial.

27 Escucha alguna de las canciones de *Brotes de olivo* que aparecen en la página web y destaca lo que más te haya llamado la atención de sus letras.

28 Lee Hch 2,41-47 y haz una comparación entre el modo de vida de esta comunidad y la que narra el libro de los Hechos de los apóstoles

SÍNTESIS

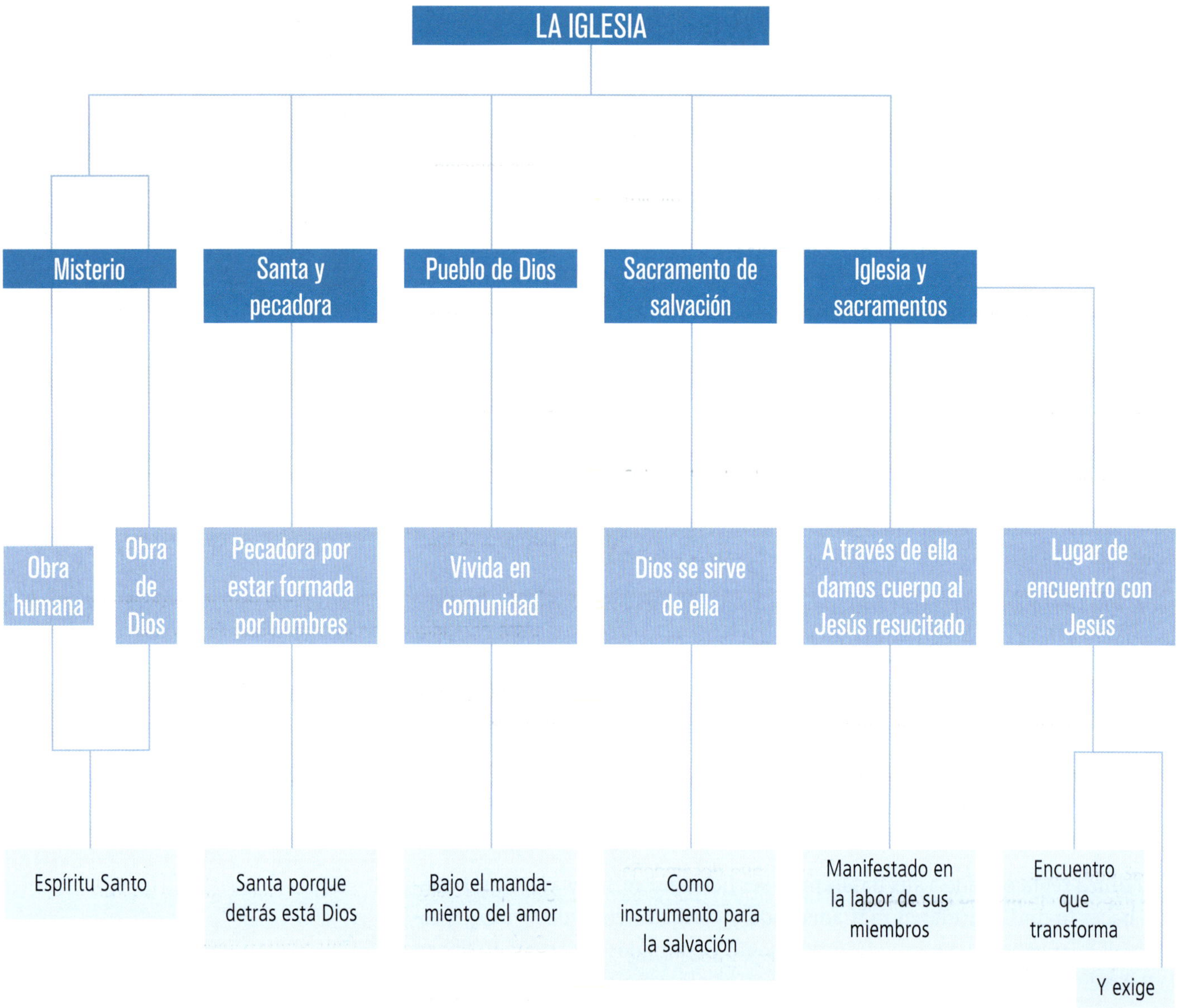

Fuentes

www.vicariadepastoral.org.mx/2_vaticano_ii/lumen_gentium/lumen_gentium_01.htm

www.vatican.va/archive/catechism_sp/p123a9p2_sp.html

www.todosuno.org/pueblodedios/

es.wikipedia.org/wiki/Antigua_Basílica_de_San_Pedro

www.zenit.org/es/articles/yves-congar-el-silencio-heroico-de-un-teologo

http://es.catholic.net/op/articulos/6779/cat/375/signo-rito-ministro-y-sujeto-de-la-confesion-materia-forma.html

ACTIVIDADES DE EVALUACIÓN

1 Define los siguientes conceptos:

Iglesia   Sacramento   Salvación   Santidad   Gracia

2 ¿Qué significa la palabra *ecclesia*?

3 ¿Qué papel desempeña el Espíritu Santo dentro de la Iglesia?

4 ¿Por qué decimos que la Iglesia es un misterio?

5 ¿Por qué se dice que la Iglesia es santa?

6 ¿Por qué decimos que la Iglesia también es pecadora?

7 ¿Qué debe hacer un cristiano para ser santo?

8 ¿Crees que un obispo ya es santo por el mero hecho de serlo? Razona la respuesta.

9 ¿Cuáles son los signos característicos de los obispos? Explica el significado de cada uno de ellos.

10 Completa esta frase con la opción correcta: El Señor dio a los apóstoles…

a. Dominio sobre todos los pueblos.

b. La potestad de continuar su misión.

c. Una sabiduría infinita.

11 Haz una relación de las distintas funciones que desempeña la Iglesia en tanto que comunidad.

12 Completa el siguiente texto con las palabras correspondientes.

mensaje   unidad   grupos   Iglesia

Dios   pacto   misiones   nuevo

Dentro de .... hay una variedad de .... y .... manteniendo su .... fundamental en la referencia a .... Es un pueblo de Dios, un pueblo ...., que selló su .... con Jesús y que intenta mantener la vivencia que su vida y .... nos enseñó.

13 De los siguientes pasajes bíblicos indica a qué hecho de la Iglesia se refieren: Jn 21,15-17; Mc 3,14-16; Lc 22,19; Jn 20,23.

14 ¿Qué relación tiene la definición de Iglesia como Pueblo de Dios con el Antiguo Testamento?

15 ¿Por qué decimos que la Iglesia es un sacramento?

16 ¿Qué relación hay entre la Iglesia y los sacramentos?

17 ¿Por qué son importantes los sacramentos del Orden sacerdotal y la Penitencia para la Iglesia?

18 Indica algunas de las causas por las que el hombre no acude al encuentro con Cristo.

19 ¿Qué representa *La Naviccella* de Giotto?

20 Anota las principales aportaciones de Yves Congar a la comprensión de la Iglesia.

21 Describe el ideal de vida cristiano según Hch 2,41-47.

22 ¿Qué parecidos encuentras entre este ideal de vida y la propuesta comunitaria de la comunidad *Pueblo de Dios*?

23 Enumera y describe las distintas partes que componen una basílica.

24 ¿Por qué se llama Iglesia al edificio?

25 ¿Con qué se identifica erróneamente a la Iglesia?

26 ¿Por qué se dice que la Iglesia es pecadora y santa?

27 ¿Qué tiene que ver Espíritu Santo e Iglesia?

28 ¿Por qué se considera el pueblo judío elegido?

29 Define gracia desde el punto de vista religioso.

30 ¿Qué son los sacramentos?

31 ¿Qué se necesita para que aparezca la fe?

32 ¿Qué es el Concilio Vaticano II?

33 ¿A qué se denomina laicado en la Iglesia?

34 Lee este fragmento de una canción del grupo Brotes de olivo y relaciónala con lo visto en la unidad.

«Ha de ser nuestra parroquia / un Pueblo de Dios en marcha, / donde todo lo que ocurra / sea de Dios y a Dios aclama. / Siendo una sola familia / que viva de la Palabra, / dando la vida por todos, / siendo Palabra con todos / y todos juntos la cantan»

06 La Iglesia: cuerpo de Cristo

¿Qué son los carismas del Pueblo de Dios? ¿Quién es el Espíritu Santo? ¿Qué significa que la Iglesia es una, santa, católica y apostólica? ¿Cómo está organizada? En el Concilio Vaticano II se dijo que la Iglesia era «luz de las gentes» porque es una comunidad que ora por todos, celebra por todos y trabaja por todos. Esta es la misión de la Iglesia que deriva de la comprensión serena y viva del Evangelio de Jesucristo. Sin él la Iglesia no tiene sentido y con él está llena de vida y de alegría. Para llevar a cabo todo esto, debe estar organizada. Vamos a descubrir todo esto.

Los carismas son todos regalos que Dios hace a la comunidad cristiana, para que pueda crecer armoniosa, en la fe y en su amor, como un solo cuerpo, el cuerpo de Cristo.

«Yo soy la vid y vosotros los sarmientos» (Jn 15,5). Jesús nos está diciendo que estamos unidos a Él con un vínculo tan profundo y tan vital como los sarmientos están unidos a la vid.

«Es vital que hoy la Iglesia salga a anunciar el Evangelio a todos, en todos los lugares, en todas las ocasiones, sin demoras, sin asco y sin miedo», *Evangelii Gaudium*.

1. ¿Qué te sugieren estas imágenes?
2. ¿Qué quiere decir que la Iglesia es «la luz del Mundo»?
3. ¿Cómo se renueva la Iglesia?
4. ¿Qué pide el Papa Francisco a los cristianos?

01 La Iglesia: un cuerpo con muchos miembros

> «Pues, lo mismo que el cuerpo es uno y tiene muchos miembros, y todos los miembros del cuerpo, a pesar de ser muchos, son un solo cuerpo, así es también Cristo. Pues todos nosotros, judíos y griegos, esclavos y libres, hemos sido bautizados en un mismo Espíritu, para formar un solo cuerpo. Y todos hemos bebido de un solo Espíritu».
>
> 1Cor 12,12-13

San Pablo, de José de Ribera.

En esta carta a los corintios Pablo nos da una explicación de una fábula trasladada a la Iglesia: todos somos uno. La Iglesia es solo una, aunque formada por diferentes miembros que dan carácter a la unidad. De la misma manera que en un cuerpo hay diferentes miembros y todos son importantes en la Iglesia sucede lo mismo. Y al igual que un cuerpo no puede vivir sin la cabeza, tampoco la Iglesia puede vivir sin su cabeza, sin Cristo. Igual que no es posible imaginar que un miembro de nuestro cuerpo hiciese una tarea que perjudicase al resto, en la Iglesia todos caminan unidos en Cristo, para un mejor funcionamiento. Existe una gran variedad de responsabilidades y servicios a los que se llama **carismas***. Cada uno de ellos es necesario para que la Iglesia cumpla la misión que Jesús le encomendó. El motivo de todo es el Bautismo que es quien nos une en una misma misión y en una misma dignidad. La misión es la de extender y anunciar el mensaje de Jesús, la dignidad es la de ser miembros de una misma familia con un único padre.

Carisma: don que da Dios a una persona para el bien de la comunidad: hablar con sabiduría, saber guiar a los demás, ser sensible a las necesidades del prójimo, etc.

En la Iglesia existen tres maneras diferentes de pertenecer a la comunidad:

- **Laicos**: conforman la mayor parte de los miembros de la Iglesia. A ellos les corresponde hacer que el Reino de Dios se consolide en la sociedad.
- **La jerarquía eclesial**: a ella pertenecen los obispos, entre los que el Papa tiene un papel muy importante. También se incluye a los sacerdotes y a los diáconos que ayudan a los sacerdotes en sus tareas.
- **La vida religiosa**: viviendo en comunidad y con los votos de pobreza, castidad y obediencia, intentan imitar a Cristo y permiten que la sociedad comprenda que es posible vivir como Cristo vivió.

Dentro de cada grupo hay diferentes carismas específicos que serán los que den el funcionamiento a la unidad tal y como san Pablo nos explicaba.

ACTIVIDADES

1. Lee la fábula de Menenio Agripa *El cuerpo político* y establece un paralelismo entre lo que cuenta la fábula y el texto de san Pablo.
2. Averigua las diferentes actividades que se realizan en tu parroquia y explica quiénes son los encargados de realizarlas.
3. En grupo, realizad una presentación con los diferentes miembros que componen la Iglesia y sus actividades.

02 Una mesa compartida

Seguramente habéis participado en alguna fiesta en la que se ha compartido la comida y la bebida que todos los asistentes han llevado, en armonía y ambiente de celebración. En la Iglesia sucede algo así: cada cristiano aporta aquello que tiene y siente a esta mesa que es la Iglesia y todos nos beneficiamos del trabajo que los demás realizan. El catequista aporta su sabiduría para instruir en las enseñanzas de Jesús, otros se encargan de los enfermos, otros de los ancianos, algunos se dedican a los más jóvenes, también los hay en labores administrativas, pero todos ponen su sabiduría, su carisma, al servicio de los demás.

¿Quién hace posible que esta armonía se produzca? ¿Cómo es posible que este sistema se haya mantenido fiel durante dos mil años? El responsable es el **Espíritu Santo**. Gracias a su actuación la Iglesia es un pueblo que camina junto, en comunidad, como un solo cuerpo con un único fin: transmitir el mensaje evangélico a todos los hombres y mujeres

Sin duda, conocéis la experiencia de afrontar un trabajo en grupo en el que algún miembro no trabaje y el resto del grupo se sienta debilitado y amenazado. O de que alguien no aporte nada en las celebraciones compartidas. También en la Iglesia sucede que muchos permanecen pasivos, sin aportar sus cualidades al servicio del anuncio del Evangelio. Esto debilita al resto del cuerpo. Ningún cristiano debe limitarse a ser oyente pasivo del Evangelio sino que debe participar activamente en la misión evangelizadora y constructora de la Iglesia. Es esta la manera de mantenerla fuerte y conseguir que el compromiso que pide Jesús a todo bautizado se cumpla cada vez con más fuerza. La mesa está puesta, ahora hay que sentarse a participar del banquete.

ACTIVIDADES

4 El Vaticano tiene dividido su gobierno en dicasterios que se encargan de las diferentes actividades de la Iglesia. Entra en www.vatican.vat y averigua cuáles son los diferentes dicasterios que existen.

5 Cuándo se dice que una persona le pone mucho «espíritu» a lo que hace, ¿qué quiere decir?

6 Realiza un cuadro en el que se vean las diferencias existentes entre la Iglesia y cualquier otro grupo humano.

La ventana interreligiosa

Ecumenismo es una palabra que se utiliza habitualmente para definir el diálogo entre las religiones cristianas en busca de una unidad que Jesús mismo solicitó en una oración al Padre (Jn 17,21). A partir del Concilio Vaticano II la Iglesia Católica hizo un esfuerzo mayor en buscar puntos de encuentro con las otras confesiones cristianas para intentar que todos seamos uno. El proceso sigue un ritmo lento pero continuo.

03 Cree, ora y celebra

La frase «Yo creo en ti» expresa confianza, cariño, comprensión, sentido de la responsabilidad; invita a seguir y apoyar a quien lo dice. La fe para el cristiano es una fe ciega.

Cuando decimos que creemos en Jesús, nos estamos entregando a él en cuerpo y alma. Confiamos en lo que él nos ha dicho y nos ha marcado porque somos conscientes de que ahí está la Salvación. Sin embargo, la fe del cristiano no es una fe aislada, individual, sino que en realidad forma parte de una comunidad, de la misma de la que ha recibido esa fe y la ha alimentado. Es dentro de ella y a través de ella como la fe se manifiesta de una manera clara, es dentro de la Iglesia donde esa fe puede encontrar el campo de cultivo adecuado.

Una de las formas de manifestación de esa fe personal es a través de la oración. Es ahí donde se expresa la religiosidad auténtica. La religiosidad está presente en el hombre en la medida en que practica la **oración**.

La oración es una expresión particular de la fe que profesamos, de ahí que sea necesaria cierta coherencia entre lo que creemos en nuestro interior y lo que manifestamos en nuestro exterior. Además de una oración personal existe una oración pública que la Iglesia pone a nuestra disposición para buscar ese diálogo, esa plegaria, con Dios.

La liturgia, con sus fórmulas, ritos y ceremonias se ponen a disposición del creyente para que se produzca ese contacto entre Dios y el hombre. La Eucaristía, la liturgia de los diferentes sacramentos celebrados en la Iglesia, las diferentes oraciones de la liturgia del día, la palabra de Dios expresada y comentada en comunidad, son todas ellas algunas de las expresiones de la oración que la Iglesia nos propone. La Iglesia nos permite beber en la Palabra de Dios y la vida y doctrina de Jesús. Eso nos acerca al Reino prometido. Bebiendo de estas fuentes nos convertimos en «sal de la tierra y luz del mundo». (Mt 5, 13-14).

La información del Mac-abeo

En diferentes culturas la oración comunitaria está reglamentada y existen diferentes formas de congregar a la comunidad para ello. Las más características son la llamada del **almuédano*** a los musulmanes durante cinco veces al día para la oración. En la tradición española aún se conserva la tradición cristiana de llamar a la oración mediante el toque de campanas al mediodía. Los campesinos al oír el sonido dejaban de hacer su tareas y todos juntos rezaban el conocido como el **ángelus***. Hoy día, algunas emisoras de radio aún siguen conservando este ritual.

ACTIVIDADES

7 Describe en tu cuaderno algún momento en el que hayas confiado ciegamente en alguien y no te ha decepcionado.

8 Haz una relación de festividades que conozcas que vayan acompañadas de alguna celebración litúrgica

9 Aparte de la oración comunitaria explica otros tipos de oración que conozcas y sus características.

*

Almuédano: musulmán que desde el alminar convoca en voz alta al pueblo para que acuda a la oración.

Ángelus: oración en honor del misterio de la encarnación de Jesús en María.

Estamos acostumbrados a ver a lo largo de nuestra existencia cómo los grandes acontecimientos de nuestra sociedad van acompañados de una celebración festiva y de oración. La Navidad, la Semana Santa... todas las grandes fiestas de nuestro calendario van acompañadas de una celebración que la Iglesia nos propone para compartir ese acontecimiento.

Un bautizo, una boda, una comunión forman ya parte de nuestra existencia y no se entienden si para ello no hay una celebración religiosa que lo sustenta. Es cierto que hoy en día algunos de estos acontecimientos se realizan sin la participación de la Iglesia porque están dirigidos para no creyentes, pero también lo es, si nos fijamos, que incluso el ritual seguido por estas celebraciones es en realidad una copia adaptada de lo que la Iglesia nos ofrece.

Mediante la celebración, la Iglesia nos permite ofrecer a Dios el culto de adoración, alabanza y agradecimiento que sin duda se merece.

La Eucaristía es el centro de estas celebraciones. La misma palabra significa acción de gracias, utilizar esa celebración para dar gracias a Dios por ser cristianos, por ser sus hijos, por la vida, por los bienes y por todo aquello que nos ha dado en nuestra vida.

Estos rituales que Dios ha dado a la Iglesia por medio de Jesús, son los que nos permiten sentirnos cerca de él y nos permiten fortalecer nuestra fe. Por esta razón, la comunidad eclesial es un pueblo que manifiesta su fe, a través de la oración y comparte esa fe y oración en las diferentes celebraciones que el don de la vida nos dispone y la Iglesia nos propone.

> «La misión que Cristo confirió a su Iglesia no es de orden político, económico o social. El fin que le asignó es de orden religioso. Pero precisamente de esa misma misión religiosa derivan tareas, luces y energías que pueden servir para establecer y consolidar la comunidad humana según la ley divina» (*Gaudium et Spes** 42)

¿Alguna duda?

¿Por qué se dice en el Credo que la Iglesia es una, santa, católica y apostólica?

Se dice que es *una* porque tiene un solo Señor, una sola fe y un solo Bautismo. Se dice que es santa porque el mismo Dios es su autor y Cristo se entregó para santificarla. *Católica* tiene aquí el significado de universal, dirigida a todos los pueblos y a todos los tiempos. *Apostólica* porque se ha edificado sobre la transmisión y el mandato que recibieron los apóstoles.

ACTIVIDADES

10 Intenta explicar qué quiere decir el texto seleccionado de la *Gaudium et Spes*.

11 Según lo explicado en este apartado, ¿cómo cumple la Iglesia lo dicho en la *Gaudium et Spes*?

12 Lee Mt 18, 19-20. ¿Cuál es el mandato de Jesús? ¿Qué puedes hacer tú para cumplirlo?

* ***Gaudium et Spes***: se trata de uno de los documentos sobre la Iglesia acordados en el Concilio Vaticano II, conocido, como todos los documentos, por las dos primeras palabras con las que comienza en la lengua latina que aquí son « El gozo y la esperanza».

04 Universal y misionera

¿Sabemos qué significa que la Iglesia es **católica**? Probablemente lo hemos oído tanto que ni tan siquiera nos hayamos cuestionado el porqué. En realidad el término hace referencia a su **universalidad**. La Iglesia tiene que cumplir una misión que no va encaminada a unos pocos, sino a toda la humanidad, incluso a aquellos que pertenecen a otras religiones. (Mt 18,19-20).

El término misionero sí que es más conocido y seguro que si preguntamos qué significa, una amplia mayoría sabría dar una respuesta más o menos acertada, pero lo que probablemente no os hayáis parado a pensar es que **misionero** viene de la palabra **misión**, es decir, un encargo que hay que cumplir. ¿Cuál es el encargo que tiene la Iglesia? Anunciar la buena noticia de Jesucristo. ¿Esto significa que hay que imponer la creencia de Dios? No se trata de imponer, más bien presentar a las personas la felicidad que Jesús nos trajo para que puedan experimentarla.

Realizar esta tarea no es fácil y es una tarea de todos los cristianos. Ya hemos visto que la Iglesia son todos los bautizados miembros de la comunidad, un cuerpo donde Cristo es la cabeza y el resto las demás partes. La evangelización no es una tarea de los misioneros solamente, sino de cada uno de los miembros de la Iglesia de acuerdo a sus carismas, capacidades, virtudes y posibilidades. Lo cierto es que cuando hablamos de este tema nos vienen a la memoria personajes como la Madre Teresa de Calcuta, con ese endeble cuerpo realizando una obra gigantesca en beneficio de los más necesitados, y eso nos empequeñece, nos hace sentirnos incapaces de llevar esa tarea adelante. Madre Teresa solo ha habido una, y Dios no nos pide que todos tengamos el valor y la fuerza que ella tuvo, aunque sí nos puede servir de ejemplo. No es necesario irse a evangelizar a África o Asia para ser misionero. Se puede serlo en el trabajo, en el instituto o colegio, con el grupo de amigos, etc. ¿Cómo se hace eso? Como Jesús lo hizo, con palabras y acciones. Con las palabras, aprovechando cualquier oportunidad para dar a conocer aquellas grandezas que Jesús nos enseñó; y con las obras, basta con ser cristiano, con ejercer como tal, con plasmar en nuestra vida los valores que el Evangelio nos enseña.

No obstante, hay gente a la que no les basta con esto y quieren cumplir más fielmente el mandato evangélico yendo más allá. Entregan su vida a la misión que Jesús nos encomendó. Lo hacen comprometiéndose con los demás, al servicio de los más pobres y luchando contra las injusticias. Hay otros que consideran que su labor, su carisma, está vinculado al estudio de la Palabra de Dios, a su comprensión y a hacerla más perceptible para el resto. Para algunos, su entrega es una mezcla de todas ellas, además de ayudar en la liturgia y la celebración de los sacramentos. En definitiva se trata de que cada uno, según sus carismas, haga visible el mensaje evangélico o trabaje de alguna manera para que ese mensaje llegue cada vez más claro a nuestro entorno, a la humanidad.

05 Su misión hoy y mañana

El Concilio Vaticano II nos presenta a la Iglesia en la actualidad como *Lumen gentium* (luz de las gentes), un faro de esperanza para la humanidad. Tiene una misión que lleva a cabo desde hace dos mil años y está presente en la actualidad. Es cierto que tiene una gran tradición que, aparte de conservarla, nos debe servir también para reflexionar. Sin embargo, está llamada a actualizarse constantemente, a abrir las ventanas para que entre aire fresco y a aprender a dialogar con el mundo. ¿Qué caminos a tomar propone la Iglesia en la actualidad? ¿Cuáles son los ámbitos en los que la Iglesia está y debe seguir actuando? ¿Qué debe tener en cuenta para seguir anunciando el mensaje en el futuro?

Asamblea del Concilio Vaticano II.

- **La vía misionera.** Personas entregadas a su labor evangélica están diseminadas por el mundo poniendo su esfuerzo y entrega en la consolidación de esas pequeñas comunidades. Una de las labores de la Iglesia es ayudar a consolidar estas jóvenes iglesias. Es muy importante el papel que desempeñan los misioneros entre personas de otras creencias.
- **La vía de la educación de la fe.** En este campo la Iglesia dispone de amplias estructuras: grupos de catequesis, centros de tiempo libre, grupos de estudio de la Biblia, movimientos de espiritualidad, colegios, la enseñanza de la religión en la escuela, centros de estudios de teología, prensa, etc. Campos muy amplios en los que se debe seguir profundizando para adaptarse a los nuevos tiempos.
- **La vía litúrgica y de celebración.** La Eucaristía es el centro de las comunidades cristianas. El domingo todas las comunidades se reúnen para participar de la Palabra de Dios y de la presencia de Cristo en la Eucaristía. Se deben actualizar conceptos y fórmulas para hacer más comprensible el verdadero significado de este sacramento y así sentirse cada vez más llamados a participar de él. Las celebraciones del resto de los sacramentos también son un campo donde la Iglesia debe seguir potenciando su presencia.
- **La vía caritativa y social.** La tarea social fue una de las principales causas de atracción para escuchar lo que los cristianos de las primeras comunidades proponían. En la actualidad esta tarea se ha convertido en el campo en el que recibe más reconocimientos. Fiel al mandato de Jesús, debe seguir actuando contra la pobreza y la injusticia. Para llevar a cabo esta tarea cuenta con instituciones e infraestructuras muy ancladas en las diferentes sociedades.

ACTIVIDADES

13 En grupo, preparad una presentación de fotografías que den pie a una explicación de las actividades que desarrolla la Iglesia Católica en los diferentes campos.

14 Lee el punto 1 o introducción de la constitución dogmática *Lumen gentium*. ¿Para qué fue escrita esta constitución? ¿Qué es lo que tiene que hacer la Iglesia?

15 Organizad un debate en la clase en el que se pueda analizar qué campos podría abarcar la Iglesia para anunciar mejor su mensaje en el futuro.

06 Una comunidad organizada

La actividad de la Iglesia y su labor es inmensa, se mueve en diferentes campos y moviliza y atiende a muchas personas. Para llevar a cabo todo esto es necesario disponer de una buena organización. Vamos a ver esta organización dividida en dos partes. Por un lado la división territorial y de gobierno y por otro, las personas que ejercen la labor eclesial según ministerios y carismas.

- **Organización territorial.** Igual que el mundo se divide territorialmente (naciones, regiones, etc.), la Iglesia también dispone de una división territorial. De las unidades más pequeñas a las más grandes, nos encontramos con la **parroquia** (primera y más pequeña unidad territorial), regida por un párroco y sus respectivos vicarios. Al conjunto de parroquias a cuyo frente se encuentra un obispo se le denomina **diócesis**. Al conjunto de varias **diócesis** se les conoce por **provincias eclesiásticas** y al conjunto de varias provincias vecinas de una misma cultura, **regiones eclesiásticas** o **patriarcados**.
- **Gobierno.** Los sucesores de los apóstoles se constituyen en el colegio apostólico, con el Papa al frente (sucesor de Pedro). Son quienes se encargan del gobierno diario de la Iglesia. Esta tarea la realizan a través de diferentes órganos: los concilios; los sínodos (las asambleas de algunos obispos); concilios particulares (asambleas de obispos de una región eclesiástica o de un país); conferencias episcopales (coordinan a todos los obispos de una región o país). Esto es en cuanto a la división territorial y de gobierno, pero a lo largo de la unidad hemos visto que existen diferentes estamentos, misiones o dignidades que se encargan de llevar a cabo estas tareas. ¿Quiénes son?

ACTIVIDADES

16 Formad grupos de trabajo y recopilad información sobre diferentes órdenes religiosas. Una vez recopiladas anotad en una tabla los siguientes datos:

a. Congregación

b. Fundador/a

c. Misión principal

d. Zona geográfica en la que la ejercen

17 Santa Teresa de Jesús fue una monja carmelita, mística y escritora, que en uno de sus poemas escribe: «Quien a Dios tiene nada le falta: solo Dios basta». Realiza un comentario sobre el significado de esa frase y qué relación puede tener con la vida contemplativa.

18 Otra forma de vida —de la que no hemos hablado en la unidad— dentro de la Iglesia son los institutos seculares. Averigua qué son y en qué consisten.

¿Alguna duda?

¿Qué diferencia existe entre congregaciones de vida contemplativa y congregaciones de vida activa?

Las de vida contemplativa se dedican fundamentalmente a la oración, al estudio y al trabajo manual en monasterios o conventos. Las de vida activa diversifican su labor en diferentes obras: la predicación, la enseñanza, la atención a los pobres o enfermos, las misiones, etc.

- **Los ministerios ordenados.** Es un servicio específico de la Iglesia entre los que destacan los obispos, los presbíteros o los diáconos. Se denominan así porque han recibido la gracia del sacramento del Orden sacerdotal. Asumen la misión de representar a Cristo ante la comunidad.
- **Los laicos.** Pertenece a este grupo la mayoría de los bautizados. Estos cristianos también ejercen diferentes labores dentro de la Iglesia, bien colaborando con los ministros ordenados (impartir catequesis, preparar las celebraciones litúrgicas, administrar los bienes de la Iglesia, dar consejo a los obispos, ayudar a las misiones, etc.) o bien realizando la misión específica de extender el Reino de Dios en los diferentes ámbitos de su vida.
- **La vida religiosa.** El cristiano debe tender a la santidad y para realizar esta tarea existen diferentes modelos y modos de vida posibles basados en el estilo de vida de Jesús. Aquí se distinguen los religiosos y religiosas. Estos cristianos viven en comunidad siguiendo los llamados consejos evangélicos: la promesa (o votos) de castidad, pobreza y obediencia. Con este estilo de vida, ayudan a los cristianos a seguir fielmente a Jesús y a cumplir la misión que él les encomendó, además de realizar un servicio de oración constante por toda la Iglesia.

Las ideas de Pitt Ágoras

Sören Kierkegaard, genial filósofo danés, acierta en su descripción de lo que exige ser cristiano: «Que nadie se deje engañar: del hecho de que ser cristiano sea accesible a todos, posible para todos, no se sigue que sea algo fácil y que haya muchos cristianos. No; esto debe ser posible para todos; si no, no sería lo extraordinario de la libertad; pero, de todos modos, que alguien llegue a ser cristiano es algo más raro que un genio».

Y ADEMÁS HOY...

El Santo Entierro de Bercianos de Aliste

La Iglesia tiene una importancia fundamental son en las celebraciones populares. Este tipo de celebraciones están muy extendidas a lo largo de toda la cristiandad y muy adaptadas al entorno cultural por lo que son variadas. Hoy vamos a conocer una muy particular situada en un contexto rural y castellano.

Procesión del Santo Entierro de Bercianos de Aliste.

La fisonomía de este pequeño pueblo de Bercianos cambia cuando llega el Viernes Santo. Las calles vacías se llenan de gentes para contemplar a los bercianos vivir con devoción una de las procesiones con más historia de Castilla y León que data del siglo XVI. La tradición oral la sitúa en una promesa que hizo el pueblo al librarse de una peste que asolaba la comarca.

Durante la homilía de ese día, el sacerdote rememora escenas de la Pasión de Cristo, de manera que el fiel se va metiendo, introduciendo en lo que va a vivir. Una vez concluida esta, otro sacerdote ordena quitar la ropa, la corona de espinas y los clavos del Cristo crucificado que ha permanecido presidiendo la ceremonia, recordándonos que está allí, muerto por nuestros pecados. Cristo es descendido del madero con un silencio sepulcral. La imagen se pliega, al ser articulada, y se introduce en una urna acristalada, dando comienzo la procesión del Descendimiento. Este es el acto principal de la Cofradía de la Cruz, en la que sus cofrades visten con lo que será su mortaja, su vestimenta mortuoria, confeccionada por las mujeres de Bercianos durante su primer año de noviazgo y aportada posteriormente en el matrimonio como ajuar. Consiste en una túnica y caperuz de hilo blanco y zapatillas y medias de igual color. El resto de los vecinos también se sienten participantes de ese instante y acompañarán vestidos con la típica capa alistana, aquella que antiguamente utilizaban para protegerse del rigor invernal en las tareas agrícolas y ganaderas, excepto los quintos que llevarán pañuelos de colores y lanzas de hojalata. El resto de la multitud que se congrega los acompaña en silencio. El retumbar de las voces masculinas cantando con fuerza el Miserere tapona cualquier sonido que quiera interponerse. La comitiva camina serpenteando por la enorme cuesta, mientras el gélido viento azota los faldones de los cofrades sin que eso les descomponga lo más mínimo. Al llegar al alto, donde tres cruces de piedra marcan la cima, la procesión comienza su descenso con el mismo protocolo que de subida. Al finalizar la procesión, el Cristo es conservado en su urna de cristal durante todo el año. El pueblecito vuelve a quedar casi desierto un año más a la espera del próximo Viernes Santo en el que el poblado recupere su juventud de antaño, aunque nada más sea por un solo día.

ACTIVIDADES

19 Busca en internet imágenes de la procesión de Bercianos. Haz una descripción para el resto de la clase de lo allí visto y cuáles han sido las cosas que más te han llamado la atención.

El cura Alberto Pico (1932-2014)

A lo largo de la unidad hemos hablado de ministerios y carismas. Hoy vamos a conocer a un ministro ordenado que durante toda su vida tuvo una idea muy clara y particular de ejercer ese ministerio.

Alberto Pico, nacido en Cuba, de madre cubana y padre cántabro, vino a España con pocos meses de edad. Pronto quedó huérfano de madre y se hizo cargo de él un sacerdote. A los 24 años recibe las órdenes sagradas. Siempre amante de la pobreza y enemigo de la injusticia.

En Santander desarrolló su servicio a la comunidad Alberto Pico.

Su forma de entender el sacerdocio cambió cuando fue enviado como cura de un barrio pesquero de Santander. Un barrio que pronto se quedaría sembrado de viudas y huérfanos de la mar, mujeres maltratadas, drogadictos, expresidiarios y vecinos en paro. Para socorrerlos, Alberto Pico no paraba de pedir, aún sin hacerlo, y sus admiradores no paraban de darle. A ese barrio dedicaría toda su labor pastoral, aún más, toda su vida. Allí consiguió atraer a todo tipo de fieles, creyentes o no. «Se puede ser profundamente religioso y no creer en Dios», predicaba. Solía enfadarse muy seriamente con Dios, por lo que él consideraba su silencio ante el sufrimiento y las injusticias. «No hay nada más sucio que hacer sufrir a un pobre y nada más triste que estar al lado de quien sufre sin poder socorrerlo», se quejaba Pico.

Creó la filial de un instituto para que los hijos de los pescadores tuvieran la posibilidad de estudiar bachillerato. Si alguien no podía pagar buscaba el dinero donde fuera. Su labor empezó a calar en el barrio a través de los niños.

Las más altas autoridades de Cantabria, se unieron para despedirle en su sepelio. El obispo presidió el funeral, concelebrado con decenas de sacerdotes. Fuera de la iglesia, cientos de vecinos esperaban a que terminase la ceremonia religiosa para despedir a su manera a quien se desvivió por ellos durante cuarenta años, en una imponente labor de defensa de los derechos elementales de sus parroquianos, creyentes o no.

ACTIVIDADES

20 Entra en http://sociedad.elpais.com/sociedad/2014/06/12/actualidad/1402606974_053856.html y destaca las acciones más importantes de la vida de Alberto según el artículo.

21 ¿Qué puede significar que acudieran a su entierro todas esas personalidades?

22 ¿Cuáles consideras que son las causas que llevan a Alberto a actuar así?

23 Compara las dos formas diferentes de Iglesia que se pueden ver en las dos últimas secciones: por un lado, un cura muy particular con una visión muy clara de lo que él considera que debe hacer la Iglesia y que pone en práctica; y por otro, un pequeño pueblo, que sin una gran base teológica, desarrolla todo un ejemplo de piedad y fe popular. Di qué campos de actuación de la Iglesia quedan visibles en estos ejemplos.

Sal y luz del mundo (Mt 5,13-16)

«Vosotros sois la sal de la tierra. Pero si la sal se vuelve sosa, ¿con qué la salarán? No sirve más que para tirarla fuera y que la pise la gente. Vosotros sois la luz del mundo. No se puede ocultar una ciudad puesta en lo alto de un monte. Tampoco se enciende una lámpara para meterla debajo del celemín, sino para ponerla en el candelero y que alumbre a todos los de casa. Brille así vuestra luz ante los hombres, para que vean vuestras buenas obras y den gloria a vuestro Padre que está en los cielos».

Mt 5,13-16

La comparación que Jesús hace con la sal y la luz, es el texto que hoy traemos a esta página. A lo largo de la unidad hemos estado viendo cuál es la misión de la Iglesia y qué es lo que debemos hacer los cristianos dentro de ella. En este texto Jesús nos da una pista con esta comparación.

En tiempos de Jesús a nadie le sorprendía que le comparasen con la sal (algo sorprendente hoy en día). La sal llegó a ser tan imprescindible que incluso pagaban el trabajo con ella (sal-ario). En tiempos de Jesús la sal era entendida para purificar (2Re 2,19-22); para conservar algo sin que se echara a perder; para dar sabor (Job 6,6); para establecer una alianza (Num 18,19; 2Cron 13,5); para ofrecer un sacrificio a Dios (Lev 2,13; Ez 43,24; Es 6,9); para curar; para intercambiar pues se consideraba algo valioso.

En este caso se refiere nuestra misión. La coherencia de nuestra vida, la rectitud en el obrar, la alegría en el servicio, la caridad desinteresada y tantas otras virtudes que el cristianismo perfecciona, deben de ser la base de nuestra vida, el condimento necesario que dé sabor a nuestra existencia.

Ante todo lo dicho, y si hacemos lo mencionado, seremos luz, es decir, aquella que ilumina, que alumbra el camino nuestro y de los demás. Cuando uno está a oscuras y alguien enciende una luz, automáticamente todos nos giramos a seguir esa luz que alumbra el camino. Si somos nosotros quienes encendemos esa luz, todos se girarán hacia nosotros y los conduciremos por el camino que Jesús nos enseñó a todos.

Es esta la labor que Jesús nos encomienda a los fieles, es esta la labor que Jesús encomienda a su Iglesia.

Un poquito de cine por favor

Teresa de Calcuta

Esta biografía de la Madre Teresa arranca en los años 40, cuando está ejerciendo su labor en un colegio de Calcuta. Pronto va a ser consciente de la indiferencia de tanta gente ante la miseria que campa por la calles de la India. Desde ese momento va a tomar una decisión irrevocable: sin dejar de ser monja va a dedicarse a los más pobres de entre los pobres. No será fácil. Tendrá que luchar con un puñado de inconvenientes.

ACTIVIDADES

24 Según este texto, los cristianos debemos ser la sal del mundo. ¿De qué maneras podemos serlo?

25 Aparte de este significado, la luz dispone de varios significados en el cristianismo y otras culturas. En grupos, averiguad cuáles son y exponerlos en clase.

Obras Misionales Pontificias

En esta sección hemos ido presentando diferentes organizaciones y cristianos que difunden el mandato evangélico por del mundo. En esta unidad presentamos las Obras Misioneras Pontificias, una institución que apoya la labor misionera, proporcionando instrumentos y medios a todos los cristianos misioneros del mundo.

Las Obras Misionales Pontificias nacen durante el siglo XIX, en un momento convulso, en Francia, por el tesón de un grupo de personas que descubrió cuánta necesidad de Dios había en un mundo necesitado de paz y perdón. En realidad, nace de la unión de cuatro instituciones nacidas en la misma época, dos de ellas creadas por mujeres heroicas, de gran temple y valor, entregadas a sus ideas. Las cuatro instituciones forman el todo, pero es gracias a las organizaciones creadas por ellas como consiguieron crear una auténtica red de solidaridad para mejorar la cooperación misionera entre todos los fieles de la Iglesia universal.

Las instituciones que dan lugar a las Obras Misionales Pontificias son:

- La Propagación de la Fe. Creada por Paulina Jericot, promotora de la globalización de la solidaridad.
- Infancia Misionera. Fundada por Forbin Janson para prestar asistencia material y espiritual a los niños de toda la Tierra, concienciando a los propios niños de la necesidad de ayudar a otros.
- Obra Pontificia de San Pedro Apóstol. Creada por Juana Bigard se propondrá garantizar la formación de los candidatos al sacerdocio y la vida consagrada en los territorios de misión.
- Pontificia Unión Misional. Creado por Paolo Maunna tiene como objetivo ayudar a despertar y profundizar la conciencia misionera del clero y vida consagrada.

ACTIVIDADES

26 Expón en clase el funcionamiento de esta organización según la información que hay en su página web http://www.omp.es.

27 Explica en tu cuaderno qué es lo que más te ha llamado la atención de esta historia.

28 Investiga en qué consisten las campañas de la Infancia Misionera.

SÍNTESIS

Fuentes

www.revistas.unam.mx/index.php/nova_tellus/article/.../31910/33259

es.wikipedia.org/wiki/Iglesia_Cuerpo_de_Cristo

www.vatican.va/archive/catechism_sp/p123a9p3_sp.html

www.vatican.va/archive/.../vat-ii_decree_19651207_ad-gentes_sp.html

www.vatican.va/.../vat-ii_const_19641121_lumen-gentium_sp.html

www.vatican.va/.../vat-ii_const_19651207_gaudium-et-spes_sp.html

http://biblioteca.itam.mx/estudios/estudio/letras27/textos4/sec_5.html

http://www.omp.es/OMP/presentacion/presentacionomp.htm.

www.youtube.com/watch?v=t-eXF7inGfU

http://www.acu-adsum.org/lumengen.pdf.

http://sociedad.elpais.com/sociedad/2014/06/12/actualidad/1402606974_053856.html

http://www.omp.es/OMP/presentacion/presentacionomp.htm.

ACTIVIDADES DE EVALUACIÓN

1. ¿Qué significa que la Iglesia es cuerpo de Cristo?

2. Define carisma y ministerio ordenado.

3. Explica la diferencia entre laicos y vida religiosa.

4. Indica qué servicio ejerce dentro de la Iglesia cada una de estas personas o grupos:

   Párroco Coro Cáritas Grupo de limpieza
   Catequistas Equipo de liturgia Responsable de economía
   Equipo de redacción de la hoja parroquial

5. ¿Qué relación existe entre la Iglesia y una comida de celebración?

6. ¿Por qué decimos que el Espíritu Santo es el director de esta orquesta que es la Iglesia?

7. Da un argumento que justifique por qué tener fe en Jesucristo implica compartirla con los demás.

8. ¿Por qué se dice de la Iglesia que es Una, Santa, Católica y Apostólica?

9. ¿Qué relación existe entre la liturgia y la oración?

10. ¿Cuál es la relación existente entre cualquier cristiano y un misionero? Señala las respuestas correctas:

    a. Los sustentamos económicamente.

    b. Rezamos por ellos.

    c. Ninguna. Ellos ejercen exclusivamente esa labor dentro de la Iglesia.

    d. Todos debemos ser misioneros de acuerdo a nuestros carismas.

    e. Todas son verdaderas.

11. Indica si son verdaderas o falsas las siguientes afirmaciones:

    a. Los misioneros son unos curas que se van a África a ayudar a los pobres.

    b. La Iglesia no es una realidad del pasado, está presente en la actualidad.

    c. El campo de la educación no es un campo donde la Iglesia pueda actuar.

    d. La labor de la caridad en la Iglesia se hace por iniciativa humana no porque el Evangelio nos conmine a ello.

    e. Manos unidas es una ONG gubernamental.

    f. Dentro de la labor de la Iglesia, las procesiones de la Semana Santa entrarían en el campo de las celebraciones litúrgicas.

12. Explica en qué radica la importancia de la oración

13. ¿Qué quiere decir el Vaticano II al denominar a la Iglesia como *Lumen Gentium* (luz de las naciones)?

14. Señala cinco contribuciones positivas de la Iglesia en el momento actual.

15. ¿Cómo se organiza territorialmente la Iglesia?

16. ¿Quiénes son los laicos dentro del gobierno de la Iglesia?

17. ¿Qué diferencia hay entre congregaciones de vida contemplativa y de vida activa?

18. ¿Qué es una diócesis y quien la dirige?

19. Resalta las características más importantes de la procesión de Bercianos.

20. ¿Qué son las Obras Misionales Pontificias?

21. ¿Quién hace posible la armonía en las diferentes actividades de la Iglesia?

22. ¿Qué es el ángelus?

23. ¿Qué significa ecumenismo?

24. ¿Cómo se puede reconocer a una comunidad como cristiana?

25. ¿Qué relación existe entre sal, luz e Iglesia?

26. Explica cómo es el gobierno de la Iglesia.

27. ¿Cuáles fueron los logros del sacerdote Alberto Pico?

28. ¿A qué se dedica la Infancia Misionera?

29. ¿Por qué todos los cristianos estamos llamados a ser misioneros?

30. ¿Qué otras comparaciones distintas a las de un cuerpo donde todos los miembros son necesarios pueden hacerse con la Iglesia?

DIOS COMO TÚ

Uno de los elementos característicos y comunes a todas las religiones es que genera grupo, comunidad. Cada religión forma un conjunto de creyentes diferente. Este grupo se va organizando en torno a unas creencias compartidas. Con el paso del tiempo, habrá cosas que se mantendrán como en el principio, son las cosas esenciales. Y habrá otras cosas que irán cambiando a medida que evoluciona el grupo a lo largo de la historia, son las cosas circunstanciales. Así que, como hemos visto en los temas de Iglesia, toda comunidad religiosa se mueve entre dos experiencias: fidelidad y adaptación. Por otro lado, la pertenencia a la comunidad conlleva un grado de identificación suficiente con los valores y la propuesta de vida que ella propone. También en este sentido pueden considerarse diferentes respuestas que van desde el mártir, capaz de entregar su vida por la fe y los valores de su grupo, hasta el apóstata, que abandona esa fe y esos valores, pasando por el hereje, que es el se obstina en querer permanecer dentro del grupo viviendo erróneamente la fe y los valores compartidos por el grupo.

En el judaísmo

Si hay una religión que ha demostrado a lo largo de los siglos su conciencia de grupo y cuerpo, esa ha sido la judía. Ellos son el **pueblo (Qahal) de Dios**. Israel es el pueblo elegido por Dios que, en las vicisitudes de su larga historia, siempre ha contado con la fe en la promesa de Dios de que Él sería su Dios y ellos serían su pueblo. Este es el contenido básico de la alianza sellada y recordada en tantos y tantos momentos, sobre todo de máxima dificultad como fueron los destierros de Asiria y Babilonia y, modernamente, la experiencia de la Shoá provocada por el horror nazi. A lo largo de la historia podemos destacar a los sefardíes, provenientes de España, que usan el ladino como lengua principal o a los *askenazes* provenientes de Europa central y oriental que hablan el *yidish* (mezcla de hebreo, alemán y eslavo). Actualmente la pluralidad abarca desde los ortodoxos, los más estrictos cumplidores de la ley y las tradiciones (el Talmud), hasta los más liberales judíos reformados.

En el islam

El término empleado por los musulmanes para referirse al conjunto de sus creyentes es el de Umma. Para pertenecer a la comunidad musulmana el fiel debe recitar tres veces la profesión de fe musulmana (*Shahada*) ante dos testigos: «No hay otro dios que Dios Mahoma es su profeta». Dentro de la **Umma** hay también diferentes facciones. Los sunitas son la más ortodoxa y mayoritaria (90%), herederos de los cuatro primeros califas, parientes próximos de Mahoma. En la actualidad pertenecen a esta rama posturas tan opuestas como la de los Hermanos Musulmanes o el islamismo reformado. Luego están los chiitas, que son minoría, provienen de Alí, primo de Mahoma no aceptado en los comienzos. Representan un islam menos político y más espiritual.

DIOS COMO TODO

En el hinduismo

Sampradaya es la denominación de la comunidad hindú. Significa *tradición* o *familia espiritual*. Dada la diversidad tan grande de tradiciones dentro del hinduismo es fácil imaginar que no tienen un sentido muy homogéneo de comunidad. Vamos a destacar tres grandes corrientes.

- La primera, la de los *vishnavitas*, los devotos de Visnú. Son un grupo de religiosidad serena, con un marcado acento de compromiso social. El más famoso de los hinduistas de la época moderna, Gandhi, perteneció a esta rama y representó el ideal de lo que debe ser un buen *vishnavita*.
- Otra corriente es la de los *shivaítas*, seguidores del dios Shiva. Los yoguis, rivales ancestrales de los *vishnavitas*, representan un ideal religioso centrado en la oración corporal.
- El tercer grupo es el de los adoradores de la diosa Kali. Se denomina tantrismo porque siguen el tantra, que es un camino espiritual de liberación de la conciencia trascendiendo el mundo material.

En el budismo

El nombre para referirse a la comunidad de los que se esfuerzan por alcanzar la iluminación y la liberación siguiendo las enseñanzas de Buda es el de **Sangha**. Para pertenecer a la comunidad budista, de modo parecido a como sucede en el Islam, hay que repetir tres veces la fórmula «Me refugio en Buda; me refugio en dharma; me refugio en shanga». Los budista han distinguido entre el *Santo Sangha* que fue la comunidad de Buda y sus discípulos y los Sangha posteriores. Los que han permanecido hasta la actualidad son el Hinayana, el Mahayana y el Zen. El *Hinayana* (pequeño vehículo) o *Theravada* (de los antiguos) es el más antiguo de los budismos. Se caracteriza por su ímpetu misionero y un cumplimiento más relajado de sus compromisos. El *Mahayana* (gran vehículo) aparece ya en el siglo I de nuestra era, con un carácter más espiritual y elitista. Un tercer grupo es el *Vajrayana* (vehículo del rayo) o Zen (s. VII d.C.) que es una especie de mezcla de budismo y tantrismo. Es el que se practica mayoritariamente en el Tibet.

RESUMEN

El interés de este viaje por las diferentes comunidades religiosas de las grandes tradiciones presentes en nuestro mundo es triple:

1. Constatar la importancia de vivir la propia fe en un grupo de referencia. Es en el grupo donde la fe se aprende a vivir en coherencia entre la fidelidad a la tradición y a la historia y la adaptación al presente, para que pueda seguir existiendo en el futuro.
2. Considerar que la identidad en un grupo, que requiere acoger lo propio y desmarcarse de lo diferente, no implica exclusión o rechazo de los otros, sino, muy al contrario, el esfuerzo de conocer, valorar al otro y colaborar con él para que crezca en su propia fe.
3. Atender a que la comunidad puede ser una ayuda para crecer en el camino de la fe, pero puede convertirse también en un obstáculo. Será una cosa u otra en la medida en que haga o no visible y practicable la vivencia religiosa, con la flexibilidad necesaria y la caridad requerida por las circunstancias personales e históricas por las que atraviese el individuo y la comunidad.

Lo comunitario en el cristianismo

La vida pública de Jesús de Nazaret comienza con su bautismo en el río Jordán y con la elección de los doce uno a uno por parte de Jesús. Este último aspecto marca definitivamente la importancia que para Jesús tenía la comunidad; una de las cosas que primero hace es darse una selección de discípulos que van a recibir directamente sus enseñanzas, que van a ver en primera fila los signos que hace en nombre de Dios y que van a experimentar en su corazón la identidad del Enviado.

La identidad de Nuestro Señor recorre gran parte de los párrafos de los evangelios. Es el tema fundamental que se resuelve con la confesión de Pedro. Y tras esa confesión, Jesús le encomienda la Iglesia, la nueva comunidad de aquellos que van a seguir el camino trazado y que van a transmitir el mensaje de salvación a todos los hombres.

Así, se subraya que el cristianismo no puede vivirse sin lo comunitario; que la comunidad es un elemento esencial de nuestra vinculación con Dios. Porque es Dios quien escoge un pueblo y el que lo constituye. La Iglesia es convocada de entre la humanidad para constituir en sujeto de relación que sirve de ejemplo para todos los hombres. Es congregada por Dios, que actúa en Cristo y en el Espíritu.

PREGUNTAS

1 Leemos atentamente los siguientes relatos bíblicos que nos hablan de la vida en comunidad de los primeros cristianos

Y perseveraban en la enseñanza de los apóstoles, en la comunión, en la fracción del pan y en las oraciones. Todo el mundo estaba impresionado y los apóstoles hacían muchos prodigios y signos. Los creyentes vivían todos unidos y tenían todo en común; vendían posesiones y bienes y los repartían entre todos, según la necesidad de cada uno. Con perseverancia acudían a diario al templo con un mismo espíritu, partían el pan en casa y tomaban el alimento con alegría y sencillez de corazón; alababan a Dios y eran bien vistos de todo el pueblo; y día tras día el Señor iba agregando a los que se iban salvando» (Hch 2, 42-47).

«El grupo de los creyentes tenía un solo corazón y una sola alma; nadie llamaba suyo propio nada de lo que tenía, pues lo poseían todo en común. Los apóstoles daban testimonio de la resurrección del Señor Jesús con mucho valor. Y se los miraba a todos con mucho agrado. Entre ellos no había necesitados, pues los que poseían tierras o casas las vendían, traían el dinero de lo vendido y lo ponían a los pies de los apóstoles; luego se distribuía a cada uno según lo que necesitaba. José, a quien los apóstoles apellidaron Bernabé, que significaba hijo de la consolación, que era levita y natural de Chipre, tenía un campo y lo vendió; llevó el dinero y lo puso a los pies de los apóstoles» (Hch 4,32-37).

2 Este sumario no pretende ser una historia de la comunidad cristiana de Jerusalén, aunque puede tener ciertas bases históricas. Se trata, sobre todo, de una descripción que pretende servir de modelo a los cristianos de todos los tiempos. Contesta a las siguientes cuestiones:

a. ¿Cuáles son los rasgos más importantes de las primeras comunidades cristianas?

b. ¿Qué papel desempeñan los apóstoles en estas comunidades?

PREGUNTAS

3 Una de las señas de identidad más importantes de la comunidad cristiana, de la Iglesia, es la fracción del pan. La expresión «partir el pan» deriva de la costumbre judía de empezar la comida con una bendición, tras la cual se parte ceremonialmente el pan. Este enunciado llegó a designar la celebración de la Cena del Señor o Eucaristía. Esta acción aparece en numerosas ocasiones en la Biblia.

a. Busca en estos textos los versículos donde se menciona esta práctica y anótalos en tu cuaderno.

b. Compara con otras referencias bíblicas donde aparece esta acción de partir el pan: Hch 20,7.11; 27,35; 1 Co 10,16; 11,20-22) ¿Con qué otro nombre se menciona esta acción?

c. ¿Qué significa la palabra ágape?

d. ¿Qué sacramento de la Iglesia Católica está relacionado con la acción de partir el pan?

e. Reflexiona sobre la dimensión social y religiosa de esta acción y anota tus conclusiones.

4 Ambos textos del libro de los Hechos de los Apóstoles presentan la misma temática: los discípulos de Jesús, a pesar de la ausencia física del Salvador, tenían un solo corazón y una sola alma. En el segundo texto, se nos describe cómo funcionaba la comunidad de bienes dirigida por los Aaóstoles: quien poseía algo, lo vendía, traía el importe de las ventas y lo ponía a los pies de los apóstoles. Incluso añade un ejemplo concreto.

a. Describe con tus palabras cómo vivían estas primeras comunidades cristianas. ¿Qué aspecto consideras el esencial de estas comunidades?

b. ¿Qué ideal persigue este modelo de comunidad de bienes?

c. ¿Cómo se concreta este ideal en la Iglesia actual?

5 **Investigación grupal.** Elaborad un pequeño informe sobre la acción sociocaritativa de la Iglesia. Cáritas participa en el ministerio de la caridad como la acción global de la Iglesia.

a. ¿Qué es Cáritas Española?

b. ¿Cuál es su misión?

c. ¿Cuál es su visión?

d. ¿Cuál es su labor?

6 **Debate.** Busca en internet testimonios de cristianos especialmente comprometidos con la acción sociocaritativa de la Iglesia y debate con respeto acerca de la plenitud de vida que en ellos se expresa.

07 En la Iglesia y su historia Jesús continúa presente. Primeros pasos del camino

¿Qué significa el acontecimiento de Pentecostés para la Iglesia? ¿Qué pasó cuando el Imperio Romano se dio cuenta del auge del cristianismo? ¿Por qué los cristianos habitaron en las catacumbas? El Imperio Romano vio en las ideas que predicaba el cristianismo (igualdad entre los hombres, un solo Dios verdadero) un peligro para su existencia y comenzó a perseguir a los cristianos que tuvieron que pasar a la clandestinidad. Al final, las buenas ideas prevalecen y el Imperio tuvo que dar su brazo a torcer. En las siguientes páginas, vamos a profundizar en la historia de este enfrentamiento entre el Imperio Romano basado en el poder y el cristianismo basado en la justicia y la verdad.

«Vieron aparecer unas lenguas, como llamaradas, que se dividían, posándose encima de cada uno de ellos. Se llenaron todos de Espíritu Santo y empezaron a hablar en otras lenguas, según el Espíritu les concedía manifestarse» (Hch 2,3-4).

«Eran odres nuevos a la espera del vino nuevo que llegó del cielo. El gran racimo ya había sido pisado y glorificado» (San Agustín).

¿Continúa hoy la misma valentía de los primeros cristianos para anunciar el Evangelio?

1. ¿Qué representa la imagen central?
2. ¿Qué es lo que está pasando en el corazón de los discípulos?
3. ¿Cuál es la acción interior del Espíritu Santo? ¿Qué quiere decir la cita de san Agustín?
4. ¿Qué casos actuales conoces de persecución a los cristianos?

01 Desde Jerusalén hasta los confines del mundo

Imaginaos cómo quedaron los apóstoles tras la muerte de Jesús. Dejaron familia, trabajos y amigos para seguirle; lo consideraban el Mesías, el Salvador y había dado muestras de ello, pero no esperaban verle morir. Se encontraron desprotegidos, perdidos, sin tener claro su futuro. Estaban acostumbrados a confiar, a dejar que fuera él quien dirigiera y marcara el camino. Sin embargo se había marchado. Parecía que los había abandonado. Además, ellos también estaban siendo amenazados y necesitaban permanecer ocultos.

Pero todo comienza a cambiar cuando lo ven resucitado de entre los muertos. Jesús ha resucitado y está en medio de ellos de nuevo. Comienzan a ver todo desde otro prisma. Pero hay un acontecimiento en el que el cambio es total. En ese instante todo lo que estaba oculto en sus mentes sale a la luz. La fuerza que necesitaban, el empuje y los conocimientos necesarios para una nueva misión en sus vidas aparece de improvisto tras la experiencia de **Pentecostés**. ¿Qué sucedió allí? El libro de los Hechos de los Apóstoles lo narra (Hch 2,1-13); es tan difícil de explicar que lo hacen ayudados de ciertos símbolos. Lo que sí es incuestionable es que a partir de ese instante están transformados y se lanzan a contar lo que vieron y oyeron por boca de Jesús a todos aquellos que lo quisieran escuchar, sin importarles lenguas, peligros y rechazos. Es este el comienzo de nuestra historia. Es este el nacimiento del cristianismo. Es este el nacimiento de la Iglesia y la manera de permanencia de Jesús a través de la Historia.

Los apóstoles se dispersan por el territorio contiguo y comienzan a aparecer pequeñas comunidades que, dirigidas por los apóstoles, inician su andadura manteniendo la práctica judía pero incorporando a su vida las nuevas enseñanzas. Aún son embriones de lo que más tarde llegarán a ser. Van construyendo sobre la marcha. Intentan plasmar en sus vidas lo aprendido, lo vivido junto a Jesús.

Un nuevo personaje entra en escena. De perseguidor de cristianos se convierte en baluarte de la nueva fe naciente. Se trata de **Pablo de Tarso**, que tras un misterioso encuentro con Jesús resucitado se convierte al cristianismo pasando de perseguidor a perseguido. Su predicación se dirigirá a todo aquel que le quiera escuchar sin importarle si eran judíos o **paganos***. El cristianismo va a ensanchar sus fronteras hasta acercarse a la gran urbe, a la capital del Imperio. El cristianismo llega a Roma.

Pentecostés, de El Greco.

¿Alguna duda?

¿Y a España cuando llega el cristianismo? ¿Cuándo tenemos la primera noticia?

Probablemente llega muy pronto, en el siglo I. San Pablo ya menciona su intención de llegar hasta España (Rm 15,22-28). Sin embargo, la primera prueba histórica data del año 254 cuando desde Cartago (África), su obispo san Cipriano manda cartas a los cristianos de Astorga y de Mérida. En el año 300 se celebra un *concilio** en Elvira (Granada) en el que participan 37 comunidades cristianas de toda la península.

ACTIVIDADES

1 Lee Hch 10. Señala la razón por la que Pedro introduce a los paganos en el cristianismo.

2 Investiga por qué Pablo puede llegar a Roma.

3 Realizad en grupo un mapa en el que aparezcan los lugares donde se encuentran ubicadas las primeras comunidades cristianas.

02 Llegamos a Roma. ¿Y ahora qué?

Roma, siglo I. El viaje ha sido largo. Hasta aquí ha llegado la Buena Notica de Jesús. Con palabras y ejemplos, esta noticia cala en la población romana. Se hacen cristianos miembros de todas las clases sociales, desde los esclavos y pobres hasta los ricos. ¿Qué hacen las autoridades? Están acostumbrados a multitud de creencias y dioses en sus conquistas y no prestan demasiada atención. ¿Pero qué tiene el cristianismo para que se propague tan rápidamente en la sociedad romana?

Pedro y Pablo discutiendo con Simón el mago frente a Nerón.

- Da respuestas y sentido a la vida. Proporciona felicidad a quien cree.
- Esas comunidades cristianas, están formadas por hombres honrados, sencillos y solidarios, sin ningún tipo de discriminación.
- Afirma que todas las personas son iguales ante Dios. El hombre es libre y debe ser considerado con dignidad. La esclavitud ya no tiene sentido.
- La fe marca el comportamiento de la vida diaria con una preocupación por los desamparados: los pobres, los enfermos, las mujeres, las viudas y los niños.

Lo que hacen y dicen estos cristianos echa por tierra las tradiciones y costumbres romanas. Así, por ejemplo, adoran a los dioses porque el destino estaba marcado y solo los dioses podían desentrañarlo. Se vive en una sociedad con muchas desigualdades entre libres y esclavos e incluso cruel con mujeres y niños. Los romanos vivían una existencia muy superficial, donde el lujo, la diversión y el dinero marcaban el fin último. Esto sin duda, favorecía que se preguntasen por el sentido de su existencia.

Ante este comportamiento, ¿cuánto iba a tardar el cristianismo en triunfar? Se convertía en un peligro que podía derrumbar el estatus conseguido a base de lucha y sacrificio. Los romanos siempre se habían caracterizado por una amplia libertad religiosa en sus conquistas, pero otra cosa bien distinta era en la propia Roma. Acostumbrados a tratar al emperador y a adorarle como si de un dios se tratara se encontraron con que los cristianos no podían hacerlo, pues solo Dios merece esa adoración. Este será el detonante. Tiempos difíciles están por llegar.

> «Los cristianos no se distinguen de los demás hombres ni por el lugar en que viven, ni por su lengua, ni por sus costumbres... Pero dan muestras de una peculiar conducta admirable, que sorprende a todos... Se casan y engendran hijos, pero no se deshacen de los hijos que conciben... Viven en la carne, pero no según la carne. Viven en la tierra, pero su ciudadanía está en el cielo... Aman a todos y todos los persiguen. Se les condena sin conocerlos. Se les da muerte, y con ello reciben la vida. Son pobres y enriquecen a muchos...».
>
> *Carta a Diogneto*

ACTIVIDADES

4 Lee detenidamente la carta a Diogneto y explica cuáles son los valores que se ven en estos primeros cristianos frente a la sociedad romana.

5 Realiza en tu cuaderno una tabla en la que se aprecie, por un lado, las costumbres romanas y, por otro, lo que las primeras comunidades cristianas proponen frente a ellas.

6 ¿Por qué comienzan los romanos a replantearse su vida?

Paganos: se denomina a aquellos que no pertenecían a la religión judía.

Concilio: junta o congreso de los obispos de toda la Iglesia, o de parte de ella, para deliberar y decidir sobre materias de dogmas y de disciplina.

03 Una sombra se cierne sobre la joven Iglesia de Jesús

Llegaron los tiempos difíciles. El emperador de Roma, Nerón, aparte de ser considerado un dios, se lo creía. Bajo su mandato tuvo lugar un gran incendio en Roma que arrasó parte de la ciudad y del que se dijo que lo había provocado él, ya que aprovechó la circunstancia para construir sobre las ruinas un fabuloso palacio. Nerón, mentalmente inestable, echó la culpa del incendio a los cristianos.

Incendio de la ciudad de Roma.

La persecución se desencadena y para los cristianos comienza un acoso sin cuartel. Además, el emperador va a dar a los romanos un entretenimiento, una forma de compensación por lo ocurrido. Organiza días festivos con espectáculos en el circo donde parte del protagonismo recae en estos cristianos capturados en las persecuciones que son martirizados públicamente.

Algunos pensadores romanos apoyan la medida. Comienzan a atacar intelectualmente al cristianismo.

En esta persecución no se distinguen categorías. Los cristianos son detenidos sin piedad, juzgados y condenados. Ellos y sus familias, aunque estas no fueran cristianas. Todos sus bienes son embargados y se acaba con multitud de prestigiosas familias romanas. Entre los detenidos y martirizados se encuentran los dos baluartes del nacimiento de la Iglesia: Pedro y Pablo. ¿Acaso pensabais que los líderes de la comunidad iban a quedar inmunes?

Los fieles van a recoger los cadáveres de sus compañeros martirizados y los enterrarán en galerías subterráneas, las que darán origen a las **catacumbas***. También van a utilizar estos lugares para reunirse, dar culto a los que habían muerto dando testimonio de su fe y para celebrar la Eucaristía.

Estas persecuciones se generalizarán en el tiempo y habrá varias con espacios intermedios de relativa calma en la que los cristianos pudieron organizarse y desarrollar sus actividades.

*

Catacumbas: subterráneos en los cuales los primitivos cristianos, especialmente en Roma, enterraban a sus muertos y practicaban las ceremonias del culto.

La información del Mac-abeo

Tras el incendio de Roma, Nerón puso en marcha sus planes de una nueva y resplandeciente ciudad. Comenzó su puesta en práctica con un bello palacio: la **Domus Aurea** (en latín, *casa de oro*). Nunca se llegó a terminar y al final, el emperador Trajano enterró sus ruinas en escombros lo que ha permitido que llegara hasta nosotros al evitar el pillaje.

ACTIVIDADES

7 Busca información sobre el incendio de Roma (puedes servirte del testimonio del historiador Tácito) y realiza un breve comentario sobre el mismo.

8 Realiza una crónica periodística intentando narrar los sucesos del incendio de Roma.

9 En grupo, realizad una presentación sobre las catacumbas romanas, su significado para el cristianismo, curiosidades de las mismas y exponedla en la clase.

04 Los padres del cristianismo, maestros de la fe

La palabra padre nos conduce inmediatamente a una familia, a sus orígenes. En la antigüedad este nombre se utilizaba para llamar al maestro, a quien transmitía sabiduría para emprender el camino de la vida. Hemos visto en el apartado anterior que algunos intelectuales romanos atacaban al cristianismo. ¿Iban a quedarse los cristianos callados? No, surgen los intelectuales cristianos que intentarán dar a conocer y mostrar la belleza del cristianismo utilizando el lenguaje y los medios culturales del momento. A estos personajes se les conoce como los **padres de la Iglesia.**

Además de responder a los ataques van resolviendo las dudas que la nueva fe provoca. Van a dar cuerpo al entramado teológico; Interpretarán, filtrarán, dirigirán a las comunidades con sus reflexiones y pensamientos. Sus enseñanzas van a tener un gran peso en el desarrollo del pensamiento cristiano. Fueron los continuadores inmediatos de la obra que los apóstoles habían iniciado y cuyo testigo tomarán tras su muerte. El cristianismo se verá envuelto en diferentes conflictos internos provocados por malas interpretaciones del mensaje de Jesús. Ellos tendrán que darle solución.

Tertuliano es uno de los Padres de la Iglesia.

Sus escritos están redactados principalmente en forma de cartas, documentos o diferentes recomendaciones a diversas comunidades con estilo sencillo y con un contenido moral y doctrinal.

Algunos de estos autores son san Ignacio de Antioquía, san Papías de Hiérapolis o san Policarpo de Esmirna. No olvidemos que son cristianos, están perseguidos y muchos de ellos alcanzarán el martirio y la muerte. También existen otros escritos, procedentes de alguno de estos intelectuales cristianos, sin que se conozca al autor: la *Didaché*, la Carta a *Diogneto* y el Pastor de Hermas.

Igualmente van a aparecer otra serie de autores a partir del siglo III y en medio de las persecuciones que, al igual que los anteriores, van a defender al cristianismo frente a otras doctrinas de la Iglesia. Se les conoce con el nombre de **apologistas** como, por ejemplo, san Justino, san Ireneo de Lion o san Hipólito de Roma.

A esta lista se irán sumando otros nombres que compondrán la lista de los padres de la Iglesia.

> «Es sobre todo nuestra práctica de la caridad la que a los ojos de muchos nos imprime un carácter vergonzoso. "Mirad, dicen, cómo se aman unos a otros". Pues bien, nosotros somos incluso hermanos vuestros. Con cuánta razón se llaman hermanos los que se reconocen hijos de un mismo Dios».
>
> TERTULIANO, *Apologeticum*

ACTIVIDADES

10 Investiga quiénes son los padres latinos y los padres griegos. En grupo, elaborad un cuadro en el que aparezcan todos.

11 Lee el texto de Tertuliano y explica brevemente en tu cuaderno qué argumento da para defenderse de las acusaciones contra el cristianismo.

12 Averigua quién era Tertuliano y cuáles son las características fundamentales de su obra.

05 Por fin la libertad

5.1. Edicto de Milán

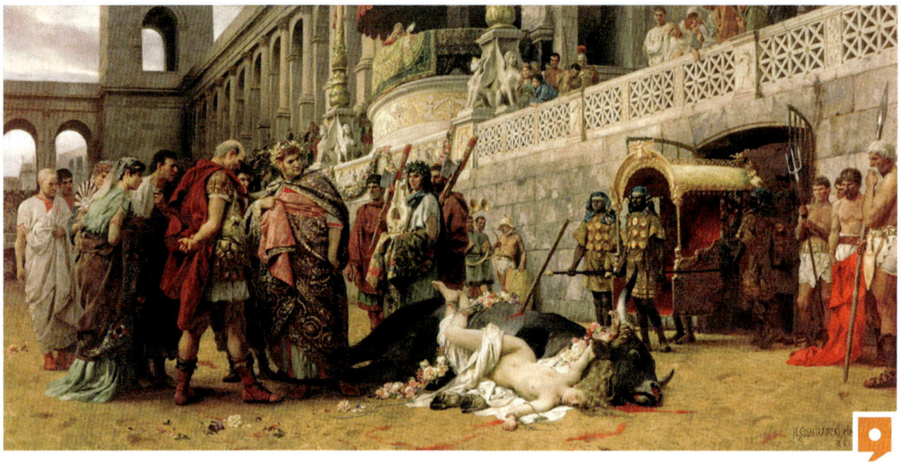

Persecución a los cristianos, de Henryk Siemiradzki.

El emperador Constantino está a las puertas de Roma para enfrentarse a Majencio (César de Roma), que sale a su encuentro. Sus posibilidades de victoria son pocas pero ha soñado que llevando el estandarte con la cruz, vencerá. Su madre Helena ya le ha hablado del significado de la cruz y él la enarbola en la batalla. Comienza la lucha y sucede algo inesperado, Majencio cae al agua a su paso por el puente Milvio y muere ahogado. Se acaba la batalla. Constantino es el nuevo emperador de Occidente. El sueño tenía razón. El Dios de los cristianos les ha ayudado.

Llega el momento de que los cristianos dispongan de libertad para realizar su culto. El año 313, Constantino va a firmar el **Edicto*** de Milán, por el cual hay libertad religiosa. El cristianismo ha vencido.

5.2. Concilio de Nicea

Desde los comienzos del cristianismo existieron conflictos internos que los apóstoles ya resolvieron con reuniones llamadas concilios donde se aclaraban ideas equivocadas, divisiones y luchas partidistas con el diálogo, la reflexión y la ayuda del Espíritu Santo. El Concilio de Jerusalén fue el primero (Hch 15,1-21).

El Concilio de Nicea (año 325) combate el arrianismo, originado por el obispo Arrio que negaba la naturaleza divina de Jesús. El emperador preside el Concilio que condena las ideas arrianas.

Las ideas de Pitt Ágoras

San Justino († 165), filósofo palestino, se convirtió al cristianismo después de experimentar que Cristo es la verdad que andan buscando los filósofos y del testimonio de los primeros mártires: «Cuando aún era discípulo de Platón, escuchaba las acusaciones que se formulaban contra los cristianos, pero al verlos llenos de intrepidez ante la muerte y ante lo que más temen los hombres, comprendí que era imposible que viviesen en el mal».

ACTIVIDADES

13 Busca en internet y lee detenidamente el texto completo del Edicto de Milán. Realiza un resumen en tu cuaderno.

14 Destaca cuáles son los avances más importantes que supone para el cristianismo.

15 Lee la biografía de santa Elena y destaca las cualidades fundamentales de su vida así como la relación que existe entre ella y con alguno de los acontecimientos narrados en esta unidad.

Primer Concilio de Constantinopla.

5.3. Edicto de Tesalónica

La paz que había supuesto el reinado de Constantino se convierte en conflicto a su muerte. Las luchas se suceden mientras la población sufre las consecuencias. El emperador Teodosio se impone y pacifica de nuevo el Imperio. En el año 380 promulga el Edicto de Tesalónica en el que promueve al cristianismo como religión oficial del Imperio. Acaba así con el apoyo a la religión romana y prohíbe la adoración pública de los antiguos dioses.

5.4. Concilio de Constantinopla

Al igual que sucediera con Constantino, Teodosio se encuentra con un viejo frente abierto. El conflicto arriano no acaba de solucionarse a pesar del Concilio de Nicea. Teodosio va acudir de nuevo a la fórmula del concilio para solucionar el problema y convocará en el 381 uno en Constantinopla. Otra nueva idea proveniente de Macedonio, patriarca de Constantinopla, se convierte en problema a tratar en el concilio: el Espíritu Santo era una especie de «superministro de todas las gracias». El concilio elabora una nueva fórmula de fe que condena las dos anteriores, es el **credo*** conocido como nicenoconstantinopolitano (por unir lo dicho en Nicea y en Constantinopla).

Edicto: escrito realizado por la autoridad que se fija en los lugares públicos de las ciudades y poblados, y en el cual se da noticia de algo para que sea notorio a todos.

Credo: declaración que contiene los principios fundamentales de la fe cristiana. Proviene del latín credo, que significa creo.

La ventana interreligiosa

Antes de la llegada del cristianismo a Roma ya existía allí una amplia comunidad judía. Es dentro de esta comunidad, muy relacionada con Jerusalén, donde comienza a propagarse el cristianismo apareciendo comunidades judeocristianas. La relación entre ambas es fluida, pues los cristianos mantienen las tradiciones judías. Todo se complica con la persecución de Nerón. Los judíos se desmarcan de los cristianos para no perder sus privilegios (poder recolectar dinero para el templo, no hacer el servicio militar y tener su propia corte de justicia) y no quieren ser comparados con ellos.

ACTIVIDADES

16 En grupo, leed el texto completo del edicto de Tesalónica. Realizad un cuadro comparativo con las diferencias existentes entre el Edicto de Milán y el de Tesalónica.

17 Averigua y escribe en tu cuaderno el significado de los siguientes términos: concilio de Jerusalén, arrianismo, credo niceno, credo nicenoconstantinopolitano, y puente Milvio.

El arte paleocristiano

En Roma nace el arte paleocristiano, nexo de unión entre el arte antiguo griego y romano y el arte posterior. Son tiempos de persecución y cualquier símbolo cristiano podía delatarlos.

Los cristianos, en su mayoría de tradición judía, tenían ciertos recelos a reflejar imágenes de Jesús, pues era Dios, y a Dios está prohibido representarlo en la ley judía. Así que representan a Jesús en forma de alegoría. Son imágenes paganas reconvertidas: la orante (mujer con brazos en alto) es la imagen pagana de la piedad que los cristianos usan para aludir al alma en el cielo, que alza las manos no para rezar sino para agradecer haber conseguido la vida eterna. El buen pastor, para aludir a Cristo como cuidador y protector del alma del cristiano. El crismón, anagrama de Cristo que se forma con las dos primeras letras de Cristo X y P. El pez, que alude a Cristo porque sus letras (ιχθυς) coinciden con las de Jesús Cristo Hijo de Dios Salvador. Estas imágenes son representadas en las catacumbas o en los sarcófagos.

Cuando el cristianismo deja de ser perseguido aparecen escenas del Antiguo Testamento. Hasta ese momento el culto se desarrollaba en casas particulares— en la clandestinidad— en estancias reservadas para el oficio con una mesa como altar y otra sala pequeña para los bautismos. Se les llamaba *Domus eclesiae*. Después del Edicto de Milán se comienzan a levantar las basílicas. Los cristianos son cada vez más y se necesitan recintos más amplios. Aparecen las basílicas con un patio, un lugar destinado a los catecúmenos (nártex) que todavía no pueden acceder al templo, y la basílica de tres naves o cinco naves. La zona del altar en forma semicircular forma un ábside.

ACTIVIDADES

18 En grupo, visitad en internet las catacumbas de San Calixto y realizad una exposición explicando las características fundamentales de estas catacumbas así como las representaciones que allí se encuentran.

19 Observa esta imagen de la basílica paleocristiana e intenta describir en tu cuaderno cuáles son las partes fundamentales y dónde están colocadas

Ignacio Ellacuría

Ignacio Ellacuría era un jesuita serio, austero, intelectual, sobre todo un hombre entregado a los demás, a los más humildes, un hombre que vivía el Evangelio. Había nacido en Portugalete en 1930. A los 17 años entró en el noviciado de la Compañía de Jesús. Más tarde es trasladado a un noviciado en El Salvador, que se convertirá en su patria chica. Estudió en Quito. Comienza su madurez intelectual y con ella, su labor pastoral como formador de seminaristas en El Salvador. Se centrará en la teología, estudiará en Austria con K. Rahner. Su inquietud intelectual le conduce a la búsqueda constante de respuestas. Realiza los estudios de doctorado en filosofía en la Universidad Complutense de Madrid con Xabier Zubiri.

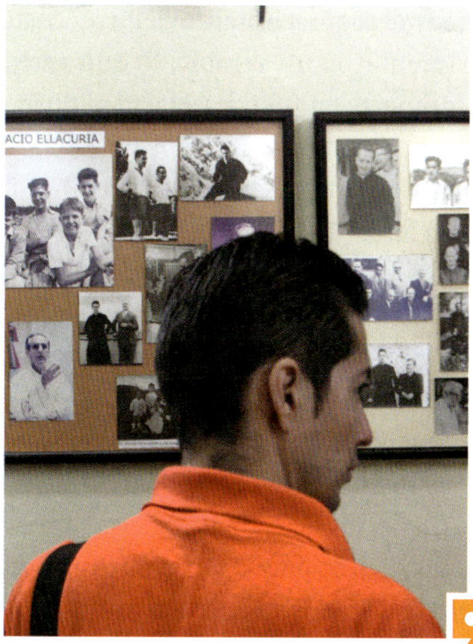

Exposición sobre la vida de Ellacuría y sus compañeros mártires.

Volverá para formar parte del equipo docente de la Universidad Centroamericana (UCA) aunque seguirá en contacto con España y con Zubiri. Publicará multitud de artículos filosóficos y teológicos.

Sin embargo, su experiencia espiritual comienza a caminar por otro lado. Una nueva ideología religiosa se está expandiendo por Latinoamérica: pone en tela de juicio las estructuras existentes y promulga un cambio total de tendencia. Los pobres son el objetivo primordial. Ellos están siendo explotados por los ricos y el Evangelio es claro. Hay que luchar por ellos, con ellos, defenderlos de las injusticias, buscar un mundo más justo. Sin duda unas ideas que a los más poderosos no gustan. Ven peligrar su estatus. ¿Recordáis lo que pasaba con los poderosos romanos con la llegada de las ideas que transmitían las primeras comunidades cristianas? Se parece, ¿verdad? Efectivamente, estas comunidades primitivas se convertirán en el modelo a instaurar en los empobrecidos poblados latinoamericanos.

Pronto su universidad se convierte en el paradigma de la defensa de estas ideas, y comienza a ser el centro de los ataques de grupos paramilitares defensores de lo establecido.

El Salvador vive un periodo de guerra civil permanente. Ignacio promueve una solución pacífica al conflicto y lucha por conseguirlo. Sin embargo, sus ideas le enemistaron con sectores financieros y militares. El 16 de noviembre de 1989 fue sacado de su despacho de la universidad y fusilado en el jardín de la misma junto a otros jesuitas y a dos mujeres del servicio por un pelotón del ejército salvadoreño. Nuevamente un mártir, que por defender a los más humildes y pobres frente a los poderosos, pagará con su vida.

ACTIVIDADES

20 Investiga quién era Xabier Zubiri y escribe una pequeña nota biográfica en tu cuaderno.

21 A esa corriente latinoamericana de la que se habla se le conoce como Teología de la Liberación. Realizad en grupo un mural con un esquema completo que refleje las características fundamentales de esta corriente teológica. Exponed el esquema al resto de la clase.

Hechos de los Apóstoles 7

Martirio de San Esteban, de Carracci.

Tras el acontecimiento de Pentecostés los apóstoles experimentaron un cambio; lo que antes era miedo y duda se convierte en fuerza y claridad de ideas. Ya no hay miedo, ya no hay duda. El mensaje es claro y hay que transmitirlo. En este pasaje se puede comprobar cómo lo afirmado es cierto. Esteban, el último en unirse al grupo de los apóstoles, va a ser asignado a una tarea caritativa y de evangelización de sus compatriotas. Se enfrenta a los sacerdotes del templo, a la dirección de los judíos, exponiendo el mensaje claro y conciso, sin temer las consecuencias. Dios ha traído la Salvación a la humanidad y esta merece ser pregonada, anunciada con voz firme. Él está detrás de cada uno de sus mensajeros y no los abandona. No se puede tener miedo. Él no lo tuvo. Así que delante de todos va a realizar un mensaje claro y arriesgado: el culto del templo también ha concluido. Jesús, el Resucitado, es el nuevo y auténtico «templo». Los judíos no podían consentir que les cuestionaran su tradición en su misma casa. Se convierten en justicieros. Disponen de la vida de los demás como jueces supremos y apedrean a Estaban que morirá dignamente entregando su alma a quien la está esperando.

Hasta entonces, muchos de los cristianos de Jerusalén seguían siendo judíos, seguían acudiendo al templo y cumpliendo con la ley judía. Al martirio de Esteban, le siguió una persecución local contra los discípulos de Jesús (Hch 8,1), la primera en la historia de la Iglesia. Constituyó la oportunidad que llevó a este grupo de cristianos a huir de Jerusalén y a dispersarse. Se transformaron en misioneros itinerantes. «Los que se habían dispersado iban de un lugar a otro anunciando la Buena Nueva de la Palabra» (Hch 8,4). La persecución y la consiguiente dispersión se convierten en misión. El Evangelio se propagó de este modo en Samaria, en Fenicia y en Siria, hasta llegar a la gran ciudad de Antioquía, donde fue anunciado por primera vez también a los paganos (Hch 11,19-20) y donde resonó por primera vez el nombre de «cristianos» (Hch 11,26).

Un poquito de cine por favor

Gran Torino

El protagonista está anclado en viejas tradiciones, odia la injerencia de otras culturas y esconde un secreto: no es feliz. Cierto acontecimiento del pasado le remueve internamente y no le ha permitido encontrar el sosiego. Unos nuevos vecinos conseguirán que saque a la luz lo mejor de sí mismo y que su vida se transforme de un egocentrismo a darse completamente por los demás. El martirio también está presente.

ACTIVIDADES

22 Averigua qué tarea desempeñaba Esteban en la comunidad de seguidores de Jesús (Hch 6).

23 Según el relato, un personaje cuida las ropas mientras es apedreado Esteban. ¿Quién es ese personaje? ¿Qué tiene que ver en la historia del cristianismo?

24 Mirar el cuadro en el que aparece representado el martirio. Intenta explicar todo lo que se ve. ¿Qué quiere decirnos el pintor con la escena representada en el cielo?

Los hermanos maristas de Bugove

Los hermanos maristas Servando, Miguel Ángel, Julio y Fernando.

Aquella mañana no era una mañana como las demás. Ellos sí habían seguido su rutina, pero no había casi nadie. Todos se habían ido, huyendo de los militares hutus que habían llegado al campamento de refugiados con soberbia, robando, asaltando y matando. Aquel 31 de octubre de 1996 habían celebrado la Eucaristía en una pequeña habitación con paredes de lona, como el resto de las tiendas que la Cruz Roja Internacional había establecido para crear ese campo de refugiados. Ellos habían venido a ayudar y a reforzar a los hermanos ruandeses que se habían tenido que ir no hacía mucho tiempo al correr peligro. El día anterior habían dado la furgoneta a un sacerdote y una monja para que pudieran huir más rápido. Ellos no. Ellos habían decidido quedarse. No se abandona a quien has venido ayudar precisamente cuando más te necesita. «Los refugiados van a volver y nos necesitan» era lo que habían respondido días atrás cuando el superior de la orden les había pedido que abandonasen el país. Su labor estaba junto a los que habían venido a ayudar.

Después del desayuno hablaron por teléfono con los hermanos de España y Roma. «No sabemos si podremos volver a hablar. Probablemente nos quiten el teléfono. Si esta noche no tenéis comunicación es que las cosas han empeorado». ¿Tienen miedo? Es probable. Son humanos. El peligro se percibe en el ambiente y ellos no van a permanecer indiferentes ante él.

Aquella tarde, usando armas de fuego, los milicianos mataron a aquellos cuatro hermanos dentro de la casa. Arrojaron sus cuerpos a un pozo donde los encontraron días más tarde. Sin duda ellos hicieron la mayor prueba de amor: dar la vida por el hermano.

¿Pero por qué los mataron? La sinrazón humana. El odio acumulado durante meses de tensión. El desahogo de gentes ansiosas de echar las culpas de sus desgracias a quien se encuentra más cerca.

Servando, Miguel Ángel, Julio y Fernando forman ya parte de la larga lista de personas que murieron por llevar su fe hasta las últimas consecuencias, por llevar el mensaje del Evangelio, del amor, hasta lo más hondo de sí mismos. Son mártires, agrandan la lista de todos aquellos que han alcanzado el martirio a lo largo de la historia de la humanidad.

(Información extraída de: *Amaron hasta el final. Muerte de cuatro maristas en el Zaire*, M. DE UNCITI)

ACTIVIDADES

25 ¿Por qué se quedaron? Argumenta la respuesta.

26 En grupo, buscad otros casos de misioneros repartidos por el mundo que hayan perdido la vida en el transcurso de su misión y contar brevemente la historia.

27 ¿Qué semejanzas encuentras entre Ellacuría y estos hermanos maristas.

SÍNTESIS

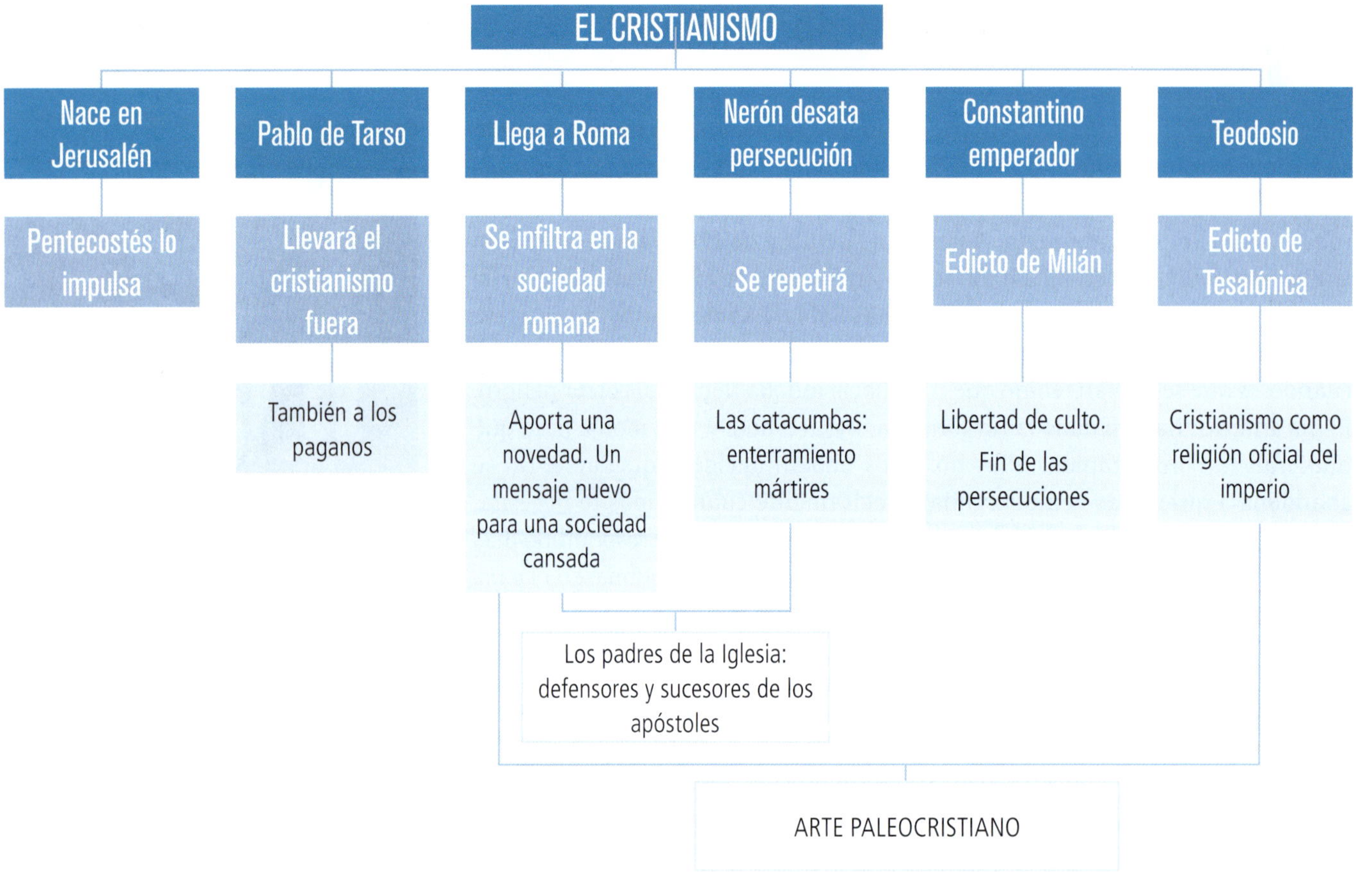

Fuentes

es.catholic.net/op/articulos/1350/especial-de-pentecosts.html

http://www.catacombe.roma.it/es/

http://jmarin.jimdo.com/fuentes-y-documentos/imperio-romano/el-edicto-de-tesal%C3%B3nica-380/

http://jmarin.jimdo.com/fuentes-y-documentos/imperio-romano/el-edicto-de-milan-313/ .

http://es.wikipedia.org/wiki/Padres_de_la_Iglesia.

http://historicidaddelnuevotestamento.blogspot.com.es/2008/04/la-mencin-de-cristo-en-los-anales-de.html

http://www.santopedia.com/santos/santa-elena-de-constantinopla

http://es.wikipedia.org/wiki/Padres_de_la_Iglesia.

http://www.iglesiaviva.org/237/237-50-PAGINA.pdf

ACTIVIDADES DE EVALUACIÓN

1 Explica el sentido y la importancia de Pentecostés para el desarrollo del cristianismo naciente.

2 Señala algunas diferencias entre las costumbres de la sociedad romana y las costumbres de los nuevos cristianos.

3 A los cristianos se les acusa de canibalismo, falta de patriotismo y de causar desastres. ¿Qué aspectos de la religión cristiana podían llevar a esas acusaciones?

4 Las persecuciones las inició Nerón, pero hubo más emperadores que persiguieron a los cristianos. Investiga quiénes fueron y anota en tu cuaderno sus nombres y la fecha en la que los persiguieron.

5 ¿Por qué los primeros cristianos aceptan el martirio sin ningún problema? ¿Los consideras unos fanáticos?

6 Busca en un diccionario el significado de la palabra «crismón» y cuándo, dónde y por qué se utilizaba.

7 De entre las diversas causas por las que los cristianos fueron perseguidos, selecciona las más importantes.

8 ¿Para qué sirvieron las catacumbas durante las persecuciones?

9 Investigan quiénes fueran san Justino y Tertuliano y qué papel pueden jugaron dentro de los tema tratados en la unidad.

10 ¿Qué beneficios proporcionaba para los cristianos el Edicto de Milán?

11 ¿Qué acontecimiento importante le sucedió a Constantino para que vea de otra manera el cristianismo?

12 ¿En qué fechas se promulgaron los Edictos de Milán y Tesalónica?

13 ¿Por qué era necesario para el emperador Constantino convocar un concilio?

14 ¿Qué concilio convoca Teodosio? ¿Para qué?

15 Enumera tres características fundamentales del arte paleocristiano.

16 ¿Consideras que sigue habiendo mártires en la actualidad? ¿Quiénes? ¿Por qué?

17 ¿Sabrías decir quién fue la primera persona martirizada por ser cristiano?

18 ¿Qué tienen en común los hermanos maristas de Bugove y el jesuita Ignacio Ellacuría?

19 Coloca las siguientes palabras en el lugar correspondiente de este párrafo sobre la labor de los Padres de la iglesia:

Apóstoles pensamientos testigo dirigirán solución enseñanzas reflexiones continuadores conflictos

«Interpretarán, filtrarán, ... a las comunidades con sus .... y ....

Sus .... van a tener un gran peso en el desarrollo del pensamiento cristiano. Fueron los .... inmediatos de la obra que los .... habían iniciado y que al desaparecer, serán estos los que tomen el .... Por si fuera poco con lo que tiene, además el cristianismo se verá envuelto en diferentes .... internos provocados por malas interpretaciones del mensaje de Jesús. Ellos tendrán que darle .... ».

20 ¿Cuándo llega el cristianismo a España?

21 ¿Cómo comenzaron su andadura los apóstoles?

22 ¿A quién se conoce como paganos?

23 ¿A qué se conoce como la *domus aurea*?

24 ¿A quién se conoce con el nombre de apologistas?

25 Define lo que es un edicto.

26 ¿Qué significa ser mártir por la fe?

27 ¿En qué países perdieron la vida los protagonistas de las secciones Personaje del día y Cristianos por el mundo?

28 ¿Quiénes son los arrianos?

29 ¿En qué consiste la libertad de culto? Averigua si se da en todo el mundo.

30 ¿Quiénes son los padres de la Iglesia? Pon algún ejemplo.

08 En la Iglesia y su historia Jesús continúa presente. Tomamos velocidad

¿Qué pasó con la Iglesia en la Edad Media? ¿Cómo aparecieron los monasterios? ¿Cómo se vivía en ellos? La época medieval no es un momento tan gris de la historia como parece. Cuando cayó el Imperio Romano y Europa se vio invadida por los pueblos germánicos a la Iglesia se le planteó la gran labor de convertir a todas estas gentes venidas de más allá del río Rin. Lo primero que hizo es preservar la cultura del Imperio Romano en las bibliotecas de los monasterios donde los monjes copiaban una y otra vez los textos más importantes de los autores clásicos con el fin de que no se perdieran. Sin esta labor de la Iglesia no hubiera existido el Renacimiento. Esto es lo que vamos a trabajar en esta unidad.

En la Edad Media, los monasterios se convirtieron en centros de difusión cultural. En sus escritorios se copiaban e ilustraban libros.

En el monasterio burgalés de Santa María de Valpuesta aparecieron los códices con las primeras palabras en castellano.

Durante la Edad Media, a la vez que la guerra y el enfrentamiento, tuvo lugar la coexistencia y la fusión entre las tres culturas y religiones presentes en la península ibérica: la cristiana, la musulmana y la judía.

1. ¿Qué representan estas imágenes?
2. ¿Qué aporta la experiencia cristiana a la cultura occidental?
3. ¿Cómo crees que era la convivencia entre judíos, cristianos y musulmanes? ¿Cómo es la influencia de la fe en el arte y el pensamiento de la Edad Media?

01 Ya somos la religión oficial. ¿Eso es bueno o no?

Tras los tiempos de persecución con el Edicto de Tesalónica del emperador Teodosio cambió la situación del cristianismo. Los inconvenientes que suponía ser la religión oficial del Imperio eran desconocidos entonces. Durante los cuatro primeros siglos, el cristianismo se había extendido a todos los confines del Imperio. La nueva situación creada supuso un aumento considerable de creyentes. Sin embargo, cantidad no implica calidad. Así, las convicciones y la vivencia del Evangelio sufrieron un deterioro considerable. Por si aún no fuera suficiente, las **herejías*** comienzan a expandirse. Todos opinan y cada uno se considera en posesión de la verdad. Unos decían que Jesús no era Dios; otros que Jesús sí, pero el Espíritu Santo no; unos que María no era la madre de Dios... Se necesitaron varios concilios para solucionar los problemas.

Por otro lado, la libertad estaba un poco condicionada. El emperador se entrometía cada vez más en los asuntos religiosos. Las autoridades eclesiásticas quedaban subordinadas al soberano. Se consideraba cabeza de la religión y con poder suficiente hasta para convocar los concilios. A su vez, el emperador recompensaba a los eclesiásticos dando todo tipo de privilegios, que recibían cada vez más orgullosos, alejándose del espíritu de servicio por el que se habían caracterizado al comienzo.

San Ambrosio y el emperador Teodosio de Rubens.

La memoria es frágil. Pronto se olvidó por todo lo que se había pasado. Los tormentos que los cristianos habían sufrido en su etapa clandestina, son utilizados ahora contra los paganos que no quieren convertirse al cristianismo.

En la nueva situación también hubo para acciones positivas: por ejemplo, se reformaron leyes caracterizadas por su inhumanidad para hacerlas más acordes al espíritu evangélico. Estas reformas afectaron a la familia, a los niños, al trato a los prisioneros, a los gladiadores, al espectáculo del circo, contra la esclavitud (aunque no consiguió eliminarla)... También se le dio cobertura a espacios olvidados hasta entonces y que hoy consideramos imprescindibles en cualquier sociedad ¿Os imagináis una sociedad sin hospitales, asilos u **hospicios***? Hasta ese momento eran inexistentes. La nueva situación fomentó la creación de estos espacios para ayudar a una sociedad necesitada de los mismos.

*

Herejía: es un error en materia de fe que se sostiene con demasiada obstinación o terquedad.

Hospicio: casa asilo en la que se da mantenimiento y hospedaje a niños pobres y huérfanos.

ACTIVIDADES

1 En grupo, realizad un esquema sobre la historia y los asuntos tratados en el concilio de Constantinopla y el de Éfeso.

2 Si no había hospitales, asilos ni hospicios en la sociedad romana, averigua cómo cubrían esa necesidad en aquellos tiempos.

3 ¿Por qué pensáis que no fue capaz el cristianismo de acabar con la esclavitud? ¿Qué beneficio proporcionaba a la sociedad romana la esclavitud para no querer acabar con ella?

02 También entre los *bárbaros* Jesús se hace presente

La caída de Roma.

Hoy día la palabra *bárbaro* tiene un sentido distinto al que le dieron los romanos, que inventaron esta palabra para referirse a los pueblos germanos que rodeaban las fronteras del Imperio, aunque antes los griegos lo utilizaban para todo extranjero, sin ánimo despectivo. Hasta el siglo V estos pueblos se habían mantenido alejados de cualquier enfrentamiento. Pero el poderío romano hace aguas y, atraídos por la civilización del mundo mediterráneo, comienzan a abordar las fronteras y a realizar incursiones en territorios del Imperio Romano. A veces era de forma pacífica, pero otras no.

Todo este proceso adquiere un valor dramático cuando los visigodos, al mando de Alarico I, llegan hasta la misma Roma (410 d.C.) y la saquean. ¿Cómo se explican los romanos esta decadencia? Para los que aún no abrazaban el cristianismo, los causantes de esta debacle eran quienes habían permitido el abandono de los dioses de su antigua religión. En el 476 es destronado el último emperador y con él desaparece el Imperio de Occidente a favor de múltiples reinos bárbaros.

Ante los cristianos el reto de convencer y convertir a estos pueblos a la fe cristiana. No iba a ser tarea fácil. El reino de la Galia fue el primero ya que el rey se casó con una católica; terminó claudicando y bautizándose en el 496. Con el rey se bautizaban los súbditos. Toda la nación de los francos terminó convertida.

Siguió la Britania. Un grupo de monjes enviado por el papa san Gregorio Magno, encabezado por Agustín de Canterbury, consiguieron que se convirtieran al cristianismo los diferentes reyes celtas que se encontraban en ella.

Para convertir a los eslavos los hermanos Cirilo y Metodio son enviados a evangelizarlos, aprendiendo su lengua y traduciendo los textos litúrgicos y bíblicos. Se convirtió el rey y con él el pueblo.

Reino a reino, todo Occidente acabó abrazando el cristianismo. La religión se convierte en un elemento unificador dentro de la diversidad que había supuesto la aparición de los reinos bárbaros.

ACTIVIDADES

4 Realiza en tu cuaderno un mapa situando a los diferentes pueblos bárbaros en el momento de la evangelización.

5 San Agustín de Canterbury tuvo un papel esencial en la conversión de la Britania. Escribe una pequeña biografía en tu cuaderno.

6 La religión católica se convierte en un elemento unificador. Enumera algunos ejemplos en los que la Iglesia haya actuado como elemento unificador en esta primera etapa de la Edad Media.

03 Desde Occidente hasta Oriente

En Oriente también hay dificultades. El cristianismo de esta zona del Imperio había vivido siempre muy influenciado por lo que se dictaba desde Bizancio. La otra Roma, la otra capital del Imperio, la que fuera bautizada como Constantinopla en honor a Constantino, también quería su parte en el reparto del poder. En el cristianismo también se refleja la competencia con Roma en la rivalidad Papa- Patriarca. Además de este, hay otra serie de problemas a los que tendrá que hacer frente: las discusiones sobre el uso de las imágenes religiosas y la irrupción del Islam como una nueva forma de comprender el mundo.

Uno de los grandes conflictos a los que tendrá que hacer frente es la conocida como controversia **iconoclasta***. La veneración de las imágenes (iconos) se estaba **desvirtuando***, se perdía el verdadero sentido que debe tener la imagen como objeto de veneración. No tardaron en aparecer algunas voces denunciando la situación. Bizancio se enfrenta a los musulmanes en una gran batalla y es derrotado. Culpabilizan a las imágenes, Dios los ha castigado por idolatrarlas, como había ocurrido con los israelitas cuando veneraron al becerro de oro. Se dictan leyes en contra de la iconografía y se incautan de todas ellas prohibiendo su veneración. Frente a esta posición de las autoridades se encontraban algunos monjes, algún patriarca y el pueblo llano, que consideraba que los iconos eran una representación de una realidad superior a la que había que venerar.

La rivalidad entre las dos opciones va adquiriendo tintes dramáticos. El emperador León III convoca un concilio para intentar justificar su postura iconoclasta. Pensaba que de esa manera acallaría la crítica. No fue así. En el 787 otro concilio anulará las ideas iconoclastas del anterior.

Los **iconodulos*** poco a poco van venciendo y se va consolidando la postura que permite la veneración de los iconos. Hoy día, estas imágenes son fundamentales en la liturgia y devoción de los cristianos orientales.

Los iconos tienen gran importancia en la Iglesia Oriental.

*

Iconoclasta: la palabra en sí significa destructor de imágenes. Sin embargo con ella se suele identificar a aquellos del Imperio Bizantino que consideraban que toda adoración de las imágenes de Dios, Jesús, María o los santos, es una manifestación de idolatría.

Iconodulos: veneradores de imágenes. Los que consideraban que los iconos eran una representación de una realidad superior y que debían ser objeto de veneración.

Desvirtuar: quitar a algo sus virtudes o valores.

ACTIVIDADES

7 Lee Dt 5,7-10 y Ex 20,3-6. Según lo leído, ¿la prohibición de las imágenes se refiere a las imágenes de Dios o a las de los ídolos que tenían los pueblos de aquella época? Intenta aplicar esa controversia a la iconoclasta.

8 Hoy día todavía existen supersticiones, ¿podrías señalar algunas de las más importantes de la sociedad actual?

9 Busca en un diccionario la palabra idolatría y posteriormente haz una lista de aquellas cosas que se idolatran en la sociedad actual.

La información del Mac-abeo

No se puede entender la vida de la Edad Media fuera del cristianismo. La organización de la sociedad, la vida cotidiana, la cultura… todo está repleto de cristianismo. Es una religiosidad basada en la búsqueda de realidades materiales que ayuden a llegar a Dios: la veneración de las reliquias, las peregrinaciones, devoción a los santo, aparición de órdenes militares (templarios y hospitalarios, mitad guerreros y mitad monjes) que imitan las órdenes religiosas.

04 *Ora et labora*. La vida monástica

Al terminar la época de persecuciones la práctica religiosa se relaja y algunos cristianos, que no se sienten a gusto en la nueva sociedad, se apartan para llevar una vida de soledad, pobreza y **celibato***. ¿A qué lugar se retiran? Al desierto. Allí se retiran, por ejemplo, Antonio de Heraclea y san Pablo Ermitaño, que venden sus posesiones, reparten los beneficios entre los pobres y se retiran a vivir en la soledad del desierto. Tales ejemplos atraen a otras personas que las siguen y forman grupo en torno a uno de ellos, al que consideran un director espiritual, un maestro. Se reúnen para compartir algunas oraciones y para celebrar la Eucaristía. Posteriormente continúan su reflexión personal en soledad. Uno de estos primeros maestros será san Antonio Abad.

Llega un momento en el que el número de monjes aumenta y se hace necesario organizarse, se hacen necesarias unas normas que marquen la convivencia dentro de un objetivo común. Alguno de estos maestros, de gran sabiduría, van a ser los encargados de marcar el rumbo, de poner por escrito esas normas que todo monje debe respetar para una buena convivencia y seguir el mensaje evangélico. Los primeros y más famosos en escribir estas normas fueron Agustín de Hipona (354-430) y Benito de Nursia (480-547). Este último, abad de uno de los primeros monasterios, Montecasino, se convertirá en el verdadero impulsor del monacato en Occidente. En su regla establece como prioridad para sus monjes el trabajo y la oración (*ora et labora*). Pronto esta regla benedictina se expande por toda Europa y los monasterios se van a convertir en un pilar fundamental del anclaje del cristianismo en la sociedad del momento.

El monasterio de Cluny, bajo esta misma regla, será uno de los grandes impulsores de la vida monástica. Los monjes realizarán una labor fundamental durante toda la Edad Media, sobre todo en la educación, en la reforma de la Iglesia y en la conservación y preservación del saber antiguo.

San Antonio Abad, de Francisco de Zurbarán.

* **Celibato:** se llama así a la opción que toman algunas personas de no casarse y vivir en castidad.

La ventana interreligiosa

Cuando hablamos de vida monástica, no solo hay que pensar en los monjes cristianos. Los monjes budistas tibetanos por ejemplo, con su manto color ocre y sus cabezas rapadas son otro ejemplo. En el sintoísmo o taoísmo oriental también existe esta tendencia a aislarse. Y los ortodoxos o los anglicanos, dentro del cristianismo, también disponen de comunidades monásticas.

ACTIVIDADES

10 En grupo, realizad una exposición sobre el monasterio de Cluny y su influencia.

11 El monasterio de Montecasino aún existe. Busca información sobre él y escribe un artículo en el que se recojan las principales características del mismo y su historia.

12 En España existen varios monasterios que se rigen bajo la regla de san Benito. Investiga y escribe en tu cuaderno el nombre de los más importantes, tanto masculinos como femeninos.

05 El Islam entra en escena

En medio de toda esta situación descrita en las páginas anteriores, entra en escena Mahoma, y con él, el Islam, una de las grandes religiones del mundo. En torno al 570 Mahoma ve la luz. Aunque al comienzo sufrirá algunos rechazos, terminará por unificar a una gran diversidad de tribus en torno a la fe en Alá, del que él dice ser su profeta. La propagación de la nueva fe a partir de este instante es meteórica. A su muerte en el 632, el Islam está ya instaurado en toda la península arábiga.

A través del libro sagrado del ***Corán***, escrito por Mahoma bajo dictado de Dios, el Islam va encontrando su sitio en el panorama social de entonces a través de una moralidad muy rígida y una creencia fundamental en Alá como único y absoluto Dios. Cinco pilares basados en el ayuno, la oración, la peregrinación o la limosna, marcan el devenir cotidiano de los creyentes.

Aprovechando la debilidad del Bizantino y los grandes estados del entorno, así como los conflictos en Occidente, el Islam va a realizar una extensa y veloz expansión por toda la cuenca del Mediterráneo. En pocos años se harán con el control de Jerusalén, Alejandría, Siria, Irak, Egipto, Cartago, gran parte de la Península Ibérica, e incluso parte de Francia donde fueron detenidos en la batalla de Poitiers por Carlos Martel, fundador de los carolingios.

Como consecuencia, el mapa religioso de esta época sufre un vertiginoso cambio. En zonas amplias como el norte de África, Oriente Medio, Bosnia o Albania, el cristianismo pasó a ser una minoría frente a la mayoría musulmana. Algunas zonas de la parte oriental mantienen el cristianismo con gran vitalidad a pesar de la influencia islámica.

La irrupción del Islam en el panorama internacional creó un clima de conflicto que duraría bastantes años y donde los enfrentamientos armados se sucederían con bastante asiduidad. La llamada a la **guerra santa*** por parte de los musulmanes, o las **cruzadas*** por parte de los cristianos, se convirtieron en los instrumentos propagandísticos para encontrar el reclamo y el apoyo de la población.

*

Guerra santa: es una llamada a la lucha de todos los pueblos islámicos para defender la fe si se siente atacada. Todo creyente tiene la obligación de acudir a ella.

Cruzadas: campañas militares orquestadas en Europa encaminadas a la recuperación para la Cristiandad de los santos lugares perdidos a favor de los musulmanes.

ACTIVIDADES

13 Aparte de Islam, esta religión es conocida por otros nombres. Investiga cuáles son y escríbelos en tu cuaderno.

14 Dibuja un mapa en el que se pueda ir distinguiendo el proceso de expansión del Islam.

15 Actualmente estamos asistiendo a un resurgir del fundamentalismo islámico. Busca en la prensa información sobre esta problemática y realiza un mural para exponer en clase.

06 En España a lo nuestro. El cristianismo mozárabe

Ya vimos anteriormente cómo la expansión del Islam también había afectado a la Península Ibérica. En el año 711 entran en la Península y pronto terminan haciéndose con el control de gran parte de ella. Instalan la capital en Córdoba e inauguran un estado musulmán conocido como Al-Andalus. Córdoba se convertirá, en su época de máximo esplendor, en uno de los centros culturales de mayor importancia de todo el Mediterráneo.

Los cristianos que vivían en la zona ocupada fueron poco a poco convertidos al Islam, excepto un pequeño grupo que permanecieron fieles a su religión. A esos se les llama mozárabes. Los musulmanes les permitieron practicar la religión cristiana. Tanto judíos como cristianos, pertenecientes a la religión del libro, tenían un estatus especial que les daba cierto rango legal. Pero en un mundo ocupado por otra cultura, sin duda, esto no era fácil. El hecho de ser cristianos les obligaba a pagar un impuesto especial muy elevado que les ahogaba económicamente. Tampoco podían ejercer ningún cargo público. Todo esto terminaba por minar la voluntad de los seguidores del Evangelio que fueron convirtiéndose a la fe islámica.

A pesar de todo, algunos se mantuvieron fieles y consiguieron seguir practicando su liturgia. Formaron diferentes grupos, y mantuvieron la liturgia conocida como **rito hispano mozárabe**, rito que se conserva como propio de España. Los mozárabes celebraban en aquellos lugares que no habían sido convertidos en mezquita, como la catedral de la capital cordobesa. Los cristianos podían conservar las iglesias que no habían sido convertidas en mezquitas pero no podían construir ninguna nueva.

Cuando comienza la reconquista de España por los reyes cristianos, muchos de estos mozárabes se trasladan a zonas recién tomadas uniéndose a los que habían permanecido en esas tierras durante la ocupación islámica y que ahora se encontraban de nuevo bajo el mando cristiano. Estos grupos de gentes se pusieron a la tarea de la reconstrucción de aquellos edificios necesarios, entre ellos iglesias o monasterios. Para esa tarea, pusieron en práctica las ideas y estilos aprendidos en su etapa musulmana y lo adaptaron al cristianismo. Así nació un nuevo estilo artístico conocido como **mozárabe**.

Santa María de Lebeña, en Cantabria, es un ejemplo del arte mozárabe.

¿Alguna duda?

¿Cuál es la diferencia entre anacoreta, ermitaño y cenobio?

Estas tres palabras se utilizan a la hora de hablar del origen de la vida monástica. Así se diferencian: **anacoreta** es aquella persona que se retira a vivir a un lugar solitario en busca de retiro y soledad y practicando la pobreza absoluta. **Ermitaño** tiene las mismas características del anacoreta, pero su lugar de retiro es una ermita. Por último, **cenobio** es cuando la vida alejada la comparten varias personas que viven en comunidad bajo una regla y la dirección de un abad.

ACTIVIDADES

16 En grupo, realizad una presentación sobre el arte mozárabe en España que muestre las principales características y obras más representativas.

17 En la actualidad también existen cristianos en países musulmanes. Realiza una tarea de investigación periodística y escribe un artículo en tu cuaderno sobre cómo es la situación de estos cristianos.

18 Hemos hablado de la liturgia mozárabe pero ¿cuál es la liturgia que celebramos en la actualidad? Explica en tu cuaderno el origen de esta liturgia y su implantación.

Y ADEMÁS HOY...

La vida diaria en un monasterio medieval

Una de las cosas que más llama la atención cuando se visita el monasterio de Silos es el cuadro con el horario del monje benedictino dentro de la abadía. Causa sorpresa y curiosidad cómo reparten el día a día estas personas que han escogido el recogimiento y la oración como forma de vida. Es cierto que el paso del tiempo ha ido adaptando la vida diaria de los monjes a los tiempos en el que nos encontramos, pero la estructura es prácticamente la misma: la oración marca el devenir del día..

Durante la Edad Media los monasterios se convierten en el centro de la vida espiritual. El miedo al infierno está presente en la sociedad y la oración es una de las maneras de apartarte de él. El monje es entonces imprescindible para dar su oración por los demás. También se encargan de curar a los enfermos, de acoger a los peregrinos, copiar los libros antiguos para preservar la cultura...

Anclados en lugares ideales para el retiro y la oración, cerca de los ríos, en valles fértiles, los monasterios encuentran así el lugar ideal para la oración, pero también la tierra, las huertas o los pastos para el ganado. Esta situación se repite en todos los monasterios de la época, así como la distribución interior de las estancias. El **claustro** central será el eje fundamental de las estancias monásticas. Desde allí se encontrará el acceso a la estancia fundamental, el lugar de la oración comunitaria: la **iglesia**. Pero además, en torno al **claustro**, también está la **sala capitular**, el **refectorio**, o las estancias privadas de los monjes (podían ser privadas, **celdas** o comunitarias). El monasterio, además, cuenta con la enfermería, las cocinas y la hospedería para cobijar a los peregrinos.

La vida diaria está organizada según el «reloj canónico», es decir, aquel que marca las diferentes oraciones que se deben de realizar a lo largo del día: *maitines* a la media noche, *laudes*, sobre las tres de la madrugada, *prima* cuando sale el sol (sobre las 6), *tercia*, tercera hora después de salir el sol (sobre las 9), *sexta*, mediodía (sobre las 12), *nona*, (sobre las 15), *vísperas*, tras la puerta del sol (sobre las 18) y *completas*, antes del descanso nocturno (sobre las 21). Las horas podían variar dependiendo del lugar y el tiempo litúrgico en el que se encontraran. Una campana será la encargada de llamar a la oración respectiva que se realiza cantando, en **canto gregoriano***.

Monasterio de Santo Domingo de Silos, Burgos.

*

Canto gregoriano: canto usado en la liturgia de la Iglesia que recibe su nombre por atribuirse erróneamente al papa Gregorio Magno su composición.

Las ideas de Pitt Ágoras

San Agustín de Hipona fue un hombre inquieto. buscador honesto e incansable de la verdad. Un hombre para un cambio de época. En san Agustín descubrimos la posibilidad de un camino de libertad y valentía para hacer de la vida una respuesta a la voluntad de Dios a la altura de los tiempos: «Porque allí donde hallé la verdad, allí hallé a Dios, la misma verdad».

ACTIVIDADES

19 Busca en un diccionario el significado de las palabras claustro, sala capitular, refectorio y celda.

20 En grupos, dividíos las diferentes estancias de un monasterio y su ubicación. Buscad imágenes de estas estancias en monasterios de la actualidad y exponedlas al grupo.

21 Realiza en tu cuaderno un cuadro en el que aparezcan las horas canónicas y la actividad que realizas tú cada día a esa hora.

Clemente Serna. Antiguo abad de Silos

«Esta será la última vez que celebre mi onomástica como abad de Silos». Con estas palabras anunciaba el padre Clemente Serna que dejaba el cargo de abad del monasterio de Silos. Había sido elegido por los monjes de la abadía en junio de 1988 y 23 años en el cargo, habían dado tiempo para mucho. Dirigir una comunidad del prestigio de la de Silos no ha sido una tarea fácil, pero él ha sabido colocarla en un centro de reflexión espiritual mundial.

Nacido en un pueblo de Burgos en 1946 ya tenía claro que su vida iba a ser monástica con 7 años. Pues sí. A los diez entra en el seminario y tres años más tarde entraba en la abadía benedictina de Santo Domingo de Silos. A partir de ese momento, su vida girará en los polos marcados por san Bernardo: la oración, la vida espiritual y el trabajo a través de los estudios en los que pronto destaca. Doctor en Teología Espiritual, diplomado en Archivística, Paleografía y Arqueología Cristiana y profesor de Teología Espiritual, cuenta en su haber con más de 200 publicaciones.

En 1988 las votaciones de los monjes le llevan hasta la elección como superior de la abadía, es decir, abad. Su vida a partir de entonces es intensa tanto intelectual como espiritualmente. Pero también se preocupa por la problemática social que rige en el exterior de los muros de la abadía. Así impulsa la creación de una escuela taller para jóvenes desempleados en la rehabilitación del convento de san Francisco. También crea la Fundación Silos, cuyo fin es crear un foro de pensamiento y diálogo abierto en el respeto a la pluralidad y la tolerancia. Algo sobre lo que sin duda merece la pena reflexionar.

Uno de los logros por los que es mundialmente conocido es por poner en el oído de todo el mundo el canto gregoriano. Los monjes de la abadía de Silos grabaron varios discos de canto gregoriano que llegaron a colocar en las listas de los discos más vendidos. La oración que suena, o la música que reza, es uno de los baluartes de la liturgia monástica benedictina. La labor de los monjes la ha hecho cercana y conocida al público. Una de las cosas más bellas que uno puede hacer es acercarse al monasterio y escucharles mientras celebran el oficio de vísperas.

Por motivos de salud, ha dejado la dirección de ese histórico monasterio. Ahora es un monje que *ora et labora*, tal y como la regla benedictina marca para sus hijos.

Un poquito de cine por favor

El nombre de la rosa

Basada en la obra de Umberto Eco, nos encontramos con una adaptación cinematográfica más pendiente de la actividad detectivesca que de todo el contenido religioso histórico e intelectual que transmite la novela. Es posiblemente la mejor película que se conoce para comprender el modo de vida de los monasterios medievales: sus costumbres, su organización, la actividad intelectual y religiosa, la mentalidad medieval y la cultura del saber, están muy presentes en toda la película, así como un guiño a la situación histórica del momento y a la lucha por el poder temporal entre el papado y el emperador.

ACTIVIDADES

22 La abadía de Silos no adquiere su fama solo por el canto gregoriano, destaca en otro aspecto que es mundialmente conocido. Entra en http://www.abadiadesilos.es/claustro.htm y explica a que nos estamos refiriendo.

23 En grupo, organizad una exposición de imágenes sobre las escenas evangélicas que aparecen en los capiteles del claustro del monasterio de Silos.

24 Investiga por qué la orden benedictina da tanta importancia a la formación intelectual de los monjes.

«Ven y sígueme» (Mt 19,18-21)

> «Jesús le contestó: "No matarás, no cometerás adulterio, no robarás, no darás falso testimonio, honra a tu padre y a tu madre, y ama a tu prójimo como a ti mismo". El joven le dijo "Todo eso lo he cumplido. ¿Qué me falta?". Jesús le contestó: "Si quieres ser perfecto, anda, vende tus bienes, da el dinero a los pobres –así tendrás un tesoro en el cielo– y luego en y sígueme».
>
> (Mt 19,18-21)

Jesús y el joven rico, de Bartholomeus Breenbergh.

Si leemos con detenimiento este pasaje bíblico seguramente pensemos que es muy difícil hacer lo que Jesús propone al joven rico del texto.

Hemos visto en la unidad que algunas personas, tras el cese de las persecuciones a los cristianos, sentían que no estaban siguiendo convenientemente el Evangelio. Se aferraban a este versículo para comprender qué era lo que tenían que hacer para acercarse al cielo, de la misma forma que en el periodo anterior, los mártires, habían tenido esa posibilidad ganada a través de su sacrificio.

Vendieron todo, lo repartieron entre los pobres y en la más absoluta de las pobrezas, se fueron al desierto en busca de esa perfección. Este hecho dio nacimiento al monacato. Es verdad que el tiempo diluyó lo tremendamente extremo del mandato, pero no es menos cierto que es este uno de los textos que se van a convertir en claves en la justificación bíblica de la vida monástica. Las reglas que los fundadores van a establecer para sus cenobios van a tener delante este texto evangélico en su elaboración.

Otro de los aspectos en el que incide el mandato de Jesús es en el de la obediencia. Los monjes realizan tres juramentos fundamentales: pobreza, castidad y obediencia. «Ven y sígueme» le dice Jesús al joven rico. No dudes, obedéceme sin fisuras. Para un monje obedecer el mandato del abad es obedecer al mismo Jesús. No hay que dudar como lo hizo el joven rico, hay que responder con prontitud.

> «Estos, pues, dejando al punto sus cosas abandonando su propia voluntad, desocupándose de todo y dejando sin acabar lo que estaban haciendo, siguen volando con las alas de la obediencia la voz del que manda, con tal prontitud que apenas hay intervalo alguno de tiempo entre el imperio del maestro y la perfecta obediencia del discípulo; de tal modo que estas dos acciones se ven casi siempre juntas en aquellos que temen a Dios. Y como aspiran al gozo de la vida eterna, por eso estos entran en el camino estrecho del cual dice el Señor...».
>
> (*Regla*, capítulo V)

ACTIVIDADES

25 ¿Qué paralelismos sacas entre el versículo de Mateo y este capítulo de la regla de san Benito? Realizad un debate en el que se analice hasta qué punto debería llegar la pobreza de los monjes.

26 Intenta establecer una relación entre este capítulo de la regla de san Benito y el mandato de Jesús.

27 En el capítulo IV la Regla dice: «El primer instrumento es amar a Dios con todo el corazón, con toda el alma y con todas las fuerzas». ¿Qué le dice Jesús al joven rico cuando le pregunta lo que tiene que hacer para alcanzar el cielo? ¿Tiene algún paralelismo con este capítulo de la regla? Razona la respuesta.

Barnabas Fund

En esta unidad hemos comprobado cuál era la situación de los cristianos que quedaron en tierras conquistadas por los musulmanes. Esta situación también se da en la actualidad. Existen comunidades de cristianos en lugares donde la cultura y la mayoría de la población no lo es. Sobre todo, en países de África, Asia y Oriente Medio. Esto provoca situaciones conflictivas y, en muchos casos, la persecución e incluso la muerte.

barnabasfund
hope and aid for the persecuted church

En Paquistán, por ejemplo, los cristianos son el blanco de la opresión indirecta o de la persecución: «La vida es muy difícil. Los niños hay veces que ni siquiera pueden ir a la escuela. Como cristiano es difícil mantener a una familia porque no les ofrecen trabajos estables», denuncia un cristiano paquistaní. Las niñas cristianas pueden llegar a ser secuestradas con el único fin de convertirlas al Islam.

Es cierto que las enseñanzas cristianas nos advierten de la necesidad de tratar a todas las personas, sea cual sea su fe, con amor y compasión, incluyendo a aquellos que los persiguen. Pero también se nos advierte de la necesidad de ayudar al necesitado. Por eso, la misión de *Barnabas Fund* es el apoyo a los cristianos en los lugares donde son una minoría y sufren discriminación o persecución como consecuencia de su fe. Se centran fundamentalmente en el apoyo económico y espiritual según las necesidades de las diferentes iglesias locales. Actúan en todos los países donde es necesaria su presencia.

Los cristianos que se encuentran dentro de sociedades musulmanes son en la actualidad los que están teniendo más problemas para ejercer su fe en libertad, por eso es a ellos a los que *Barnabas Fund* dedica la mayor parte de sus recursos. La vivienda, las medicinas o cualquier tipo de ayuda humanitaria a las familias cristianas son su objetivo. También trabajan en temas como la gestión de orfanatos, construcción de iglesias y la educación de líderes cristianos.

Tramitan ayudas de cristianos, a través de cristianos y para cristianos. Esto es lo que las diferencia de otro tipo de organizaciones similares.

Además del apoyo económico se convierten en la voz de los que no pueden manifestarse o hablar, ante otros cristianos o ante los diferentes gobiernos o estancias internacionales que tienen la obligación de velar por la libertad religiosa.

ACTIVIDADES

28 Repartid por grupos varios ejemplos de iglesias perseguidas y realizad una exposición de cuál es la situación en la que se encuentran y cómo es esa persecución a la que se ven sometidos.

29 Entra en http://barnabasfund.org/ES/ y obtén más información sobre esta organización. Realiza un pequeño resumen de aquellos países en los que trabaja y cómo lo hace.

SÍNTESIS

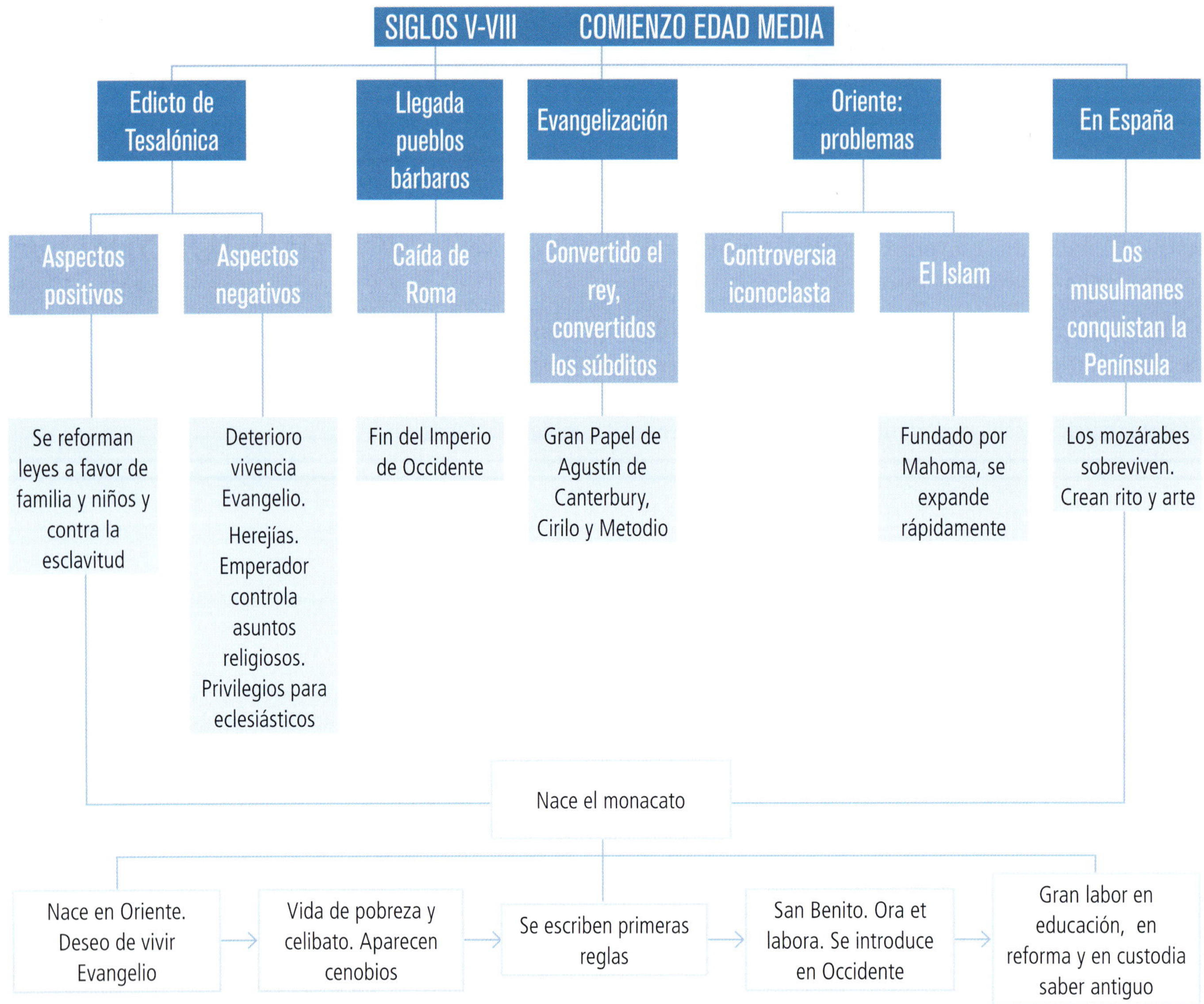

Fuentes

http://www.abadiadesilos.es/claustro.htm

http://barnabasfund.org/ES/

es.wikipedia.org/wiki/Concilio_de_Éfeso

https://www.ewtn.com/spanish/Saints/Agustín_de_Canterbury_5_27.htm

es.wikipedia.org/wiki/Abadía_de_Montecasino

www.artehistoria.com/v2/contextos/3763.htm

ACTIVIDADES DE EVALUACIÓN

1. Realiza un cuadro en el que aparezcan por un lado los aspectos positivos y por otro los negativos de la implantación del Edicto de Tesalónica.

EDICTO DE TESALÓNICA	
Aspectos positivos	Aspectos negativos

2. ¿Por qué perdió vitalidad la vida cristiana en los siglos III y IV?

3. Investiga la vida de los santos que tuvieron un papel esencial en la evangelización de los pueblos bárbaros y haz un resumen en tu cuaderno.

4. Alarico tiene un gran protagonismo en la caída de Roma, ¿sabrías decir cuál?

5. Cirilo y Metodio van a ser protagonistas de una de las grandes conversiones al cristianismo. ¿Cuál es y cómo se lleva a cabo?

6. Define los siguientes conceptos:

   Cenobio Anacoreta Mozárabe Mahoma Bárbaro

   Iconoclasta Iconodulo Monacato Regla

7. Señala los diferentes conflictos que hubo en esta época, las causas y las soluciones.

8. Explica brevemente en qué consistió el conflicto iconoclasta de Oriente.

9. Uno de los elementos utilizados por el Islam para la expansión fue la guerra santa. ¿Cuál es su significado? ¿Por qué influye en la expansión del Islam?

10. ¿Qué consecuencias tuvo para el cristianismo la expansión del Islam?

11. ¿Cómo nace el arte mozárabe?

12. ¿Qué condiciones ponían los musulmanes a los cristianos que permanecían en sus territorios durante la ocupación de la Península Ibérica?

13. ¿Qué significado tiene la frase *Ora et labora*? ¿A quién pertenece? ¿Quiénes la ponen en práctica en la actualidad?

14. ¿Para qué sirve la sala capitular de un monasterio?

15. ¿Cuál es la estancia principal de un monasterio?

16. ¿Qué lugar ocupa el claustro en un monasterio? ¿Por qué?

17. Indica en qué países del mundo se continúa hoy persiguiendo a los cristianos a causa de su fe.

18. Resume cuál es el objetivo principal de la organización Barnabas Fund.

19. Haz un comentario a la frase de Agustín de Hipona: «Porque allí donde hallé la verdad, allí hallé a Dios, la misma verdad».

20. Enumera algunos ejemplos de vida monástica que no sean cristianos.

21. Define lo que es una herejía.

22. ¿Qué leyes se reformaron tras la aparición del Edicto de Tesalónica?

23. ¿Qué significa celibato?

24. ¿Por qué es importante el monasterio de Cluny?

25. ¿Qué son las cruzadas?

26. ¿A qué se conoce con el nombre de canto gregoriano?

27. ¿Quién fue Agustín de Hipona?

28. ¿Qué es el rito hispano mozárabe?

29. Resume los principales acontecimientos de la vida de Clemente Serna, antiguo abad de Silos.

30. Enumera las oraciones que rezan los monjes a lo largo del día y de la noche.

31. ¿Qué palabras le dirige Jesús al joven rico para que le siga?

32. Describe el significado de bárbaros y su cambio de sentido a lo largo de la historia.

33. Pon tres ejemplos de monasterios en España. Averigua a qué orden pertenecen.

09 En la Iglesia y su historia Jesús continúa presente. A veces se sale del camino

¿Cómo ha ido cambiando la Iglesia? ¿Ha permanecido siempre igual o se ha sometido a continuas reformas para seguir siendo fiel al mensaje del Evangelio? La Iglesia siempre está en reforma porque la sociedad es cambiante y todo lo que interesa al hombre interesa a la Iglesia. Y dentro de la Iglesia se ha actuado cuando los reyes querían imponer a obispos y abades, cuando los monasterios eran demasiado ricos para proclamar el mensaje de Jesús, cuando el clero vivía en la ostentación… Hubo monjes volvieron a la austeridad de los primeros tiempos, aparecieron las órdenes mendicantes de San Francisco de Asís y de Santo Domingo de Guzmán que querían vivir de la limosna y testimoniar que era posible vivir como Jesús vivió… Vamos a verlo.

La reforma cisterciense fue, sobre todo, un movimiento de renovación espiritual.

San Francisco de Asís abrazó la pobreza y vivió una vida evangélica, predicando a todos el amor de Dios.

Los cristianos de todos los tiempos estamos llamados a caminar con el Señor, edificar la Iglesia y confesar a Cristo y su cruz.

1 ¿Qué evocan estas imágenes?

2 ¿Por qué la Iglesia siempre está en una constante reforma?

3 ¿Cómo se percibe esta reforma de la Iglesia en las diferentes épocas de la historia?

4 ¿Qué grandes retos afronta la Iglesia hoy?

01 Presente en el día a día

La caída del Imperio Romano lleva consigo la caída de la administración y la forma de vida que hasta entonces se conocía, surgiendo el desasosiego. Era necesario un nuevo marco administrativo, social y judicial y así surge el **feudalismo***. Las ciudades pasan a ocupar un segundo plano a favor del campo. Pero allí no hay murallas que defiendan a la población y es necesario establecer un marco que los proteja. ¿Cómo? Llegando a un acuerdo con el que tiene dinero y poder para protegerlos: el señor, el dueño de las tierras. De esta manera se llega a un pacto mediante el cual, el dueño de las tierras (señor feudal) exigía a quienes las trabajaban (**vasallos***) una obediencia, y a cambio les proporcionaba las fincas para el trabajo y la protección necesaria. Nace una sociedad muy diferenciada donde la **nobleza** (militares o caballeros) tenía la función de defender a la sociedad cristiana mediante las armas, así como proteger a los débiles y necesitados. El **clero*** tenía encomendado la oración por el bienestar de la sociedad y el estado llano (trabajadores y campesinos, los más numerosos), tenían la obligación de trabajar para el abastecimiento de los demás

Resulta muy difícil escapar de este sistema. La Iglesia forma parte integrante del mismo. El señor feudal también consideraba que los clérigos que se instalaban en su territorio eran vasallos suyos y nombraba al que quería, repartía las parroquias, los obispados o las abadías. Él será el encargado de dar poder a los clérigos que lucharán por los mejores puestos y se identificarán más con el señor feudal que les nombró y a quien deben vasallaje, que con la propia Iglesia.

En este momento cristianismo y sociedad van tan de la mano que es difícil separarlos. La palabra **Cristiandad** se va a utilizar como sinónimo de esta relación entre la Iglesia y el poder civil, entre los señores y los siervos. La fe cristiana se va a convertir en la base de la cultura, del pensamiento, de la política. No hay diferencia entre cristianismo y sociedad.

En los monasterios se custodia la cultura. Allí se copian los códices que convierten a las bibliotecas en almacenes del saber profano y religioso. En las ciudades los obispos crean unas escuelas junto a la catedral que serán la base de las futuras universidades. Un nuevo pensamiento cristiano se ha instalado. Partiendo de la filosofía antigua van a lograr una síntesis entre fe y razón; es la **escolástica** y tiene a santo Tomás de Aquino en su máximo representante.

Miniatura medieval con los trabajos del campo.

*

Feudalismo: sistema de organización política y social durante la Edad Media, cuyos miembros se relacionaban entre sí mediante el vasallaje.

Vasallaje: vínculo de dependencia y fidelidad de un siervo hacia su señor. Se establece mediante una ceremonia. Es propio del feudalismo.

Clero: se denomina así a todos aquellos que, mediante el sacramento de la ordenación o de un juramento, han quedado consagrados al servicio de la Iglesia y de los demás.

ACTIVIDADES

1. En grupo, realizad un mural en el que aparezcan las diferentes clases sociales que existen en la sociedad actual del país en el que habitas.
2. Investiga qué periodo de la Historia abarca la Edad Media, con qué acontecimiento comienza y con cuál termina.
3. Busca información sobre la sociedad medieval y escribe sus características fundamentales.

02 Algunos personajes comienzan a destacar. Carlomagno

Tras la caída del Imperio Romano una multitud de pequeños reinos, con sus respectivos reyes a la cabeza, se instala en Europa. Es el nacimiento del feudalismo. En Francia gobierna la dinastía de los merovingios que delegan el poder en unos servidores llamados mayordomos. Poco a poco se fueron haciendo con más parcelas del poder real hasta que Carlos Martel (el que detuvo el avance musulmán por Europa) reparte sus títulos entre sus hijos y con su hijo Pipino surge la dinastía carolingia.

Pipino fue reconocido como rey por el Papa Esteban II gracias a la ayuda que le prestó defendiendo a la Iglesia ante los ataques de los lombardos. En los acuerdos que alcanzan el Papa obtiene los terrenos que se convertirán en los Estados Pontificios y, además de jefe espiritual, también será jefe terrenal y rey de unos territorios.

Esta alianza —conseguida entre los reyes de Francia y el papado— va a continuar con el hijo de Pipino: Carlomagno. La idea fundamental de este y el papado es la instauración de un nuevo Imperio y no la multitud de estados del momento. Por ello, el Papa coronó a Carlomagno (800) como emperador, lo que dará lugar al nacimiento del **Sacro Imperio Romano**.

Carlomagno reinó bien. Su idea de resucitar el Imperio Romano le llevó a crear una administración sólida y dependiente del rey basada en el vasallaje y la Iglesia. Su preocupación por la cultura le hizo rodear la corte de intelectuales y creó una escuela en la capital —Aquisgrán— para formar a gente que luego sirvieran al Estado en puestos de responsabilidad. En lo religioso, instauró la regla de san Benito para todos los monasterios y fomentó el estudio de la Teología y las Sagradas Escrituras.

Amplió su reino, digno de un emperador, que llegó a adentrarse en España formando lo que se conoce como la Marca Hispánica.

La ventana interreligiosa

La idea de teocentrismo que invade el mundo medieval donde el Dios cristiano es el centro del universo, no deja margen para comprender a los demás creyentes. El resto de las religiones se ven como equivocadas y hay que convertir a esos creyentes a la verdadera fe. Sin embargo, a nivel personal y particular, muchos cristianos se relacionan con judíos o musulmanes. Los médicos judíos o musulmanes son muy apreciados por su sabiduría y se acude a los judíos a solicitar préstamos Pero a nivel institucional las relaciones son prácticamente inexistente, incluso conflictivas.

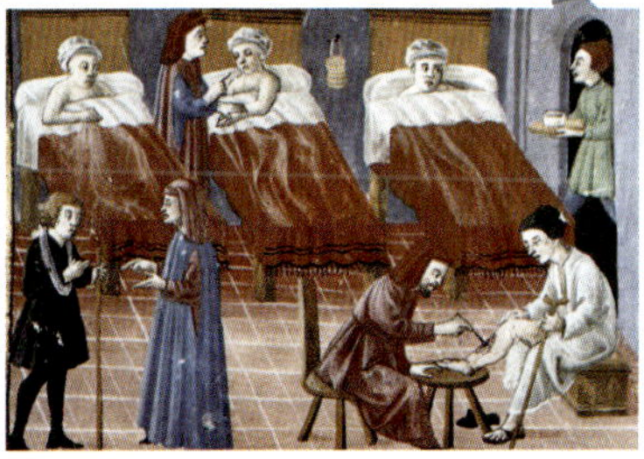

ACTIVIDADES

4 Dibuja un mapa en tu cuaderno en el que aparezca la dimensión del Imperio de Carlomagno y los reinos más importantes.

5 En grupo, investigad el nombre de algunos de los intelectuales que rodearon a Carlomagno en Aquisgrán y especificad algunas de las características más fundamentales de su biografía.

6 Averigua qué es la Marca Hispánica y realiza un pequeño resumen sobre el tema en tu cuaderno acompañado de un mapa.

03 Gregorio VII. Luz en medio de la oscuridad

Esta relación entre el papado y los emperadores no podía durar mucho tiempo ya que las injerencias en el poder de unos y otros eran excesivas. Los papas dieron concesiones a los emperadores que no les correspondían. Los reyes nombraron los cargos eclesiales a su antojo y, como efecto del vasallaje, recibieron rentas de estos obispos, abades, párrocos... que estaban bajo su protección. Estos nombramientos no se regían por la piedad y preparación de los candidatos sino por los deseos, exigencias y conveniencias del señor feudal, lo que trae como consecuencia la degradación de la Iglesia y de su misión. Estamos en una época oscura y de crisis que afecta al mismo papado; la Iglesia se evidencia humana e imperfecta.

Llega al papado Gregorio VIII, un monje del monasterio de Cluny que tiene una obsesión en su cabeza: acabar con la situación creada e instaurar una reforma que acabe con sus desmanes. ¿Tendrá con una sola vida para conseguirlo? No lo va a tener fácil.

La primera medida que adoptó fue la de independizar a la Iglesia del poder de los emperadores. Instauró la pena de **excomunión*** para aquel que invistiera a un cargo eclesiástico y para quien lo recibiera. Una vez atajado el problema, había que arreglar las consecuencias, así que estableció una serie de medidas como abolir la **simonía*** o instaurar el **celibato*** en los clérigos y elevar el nivel intelectual de los sacerdotes, todo ello bajo la afirmación universal de que el Papa está por encima de la comunidad eclesial y de los reyes y emperadores.

El emperador de aquel momento, Enrique IV, no hizo caso a lo dicho por el Papa y siguió con sus nombramientos eclesiales. El Papa reaccionó con la excomunión y el emperador se vio obligado a aceptar lo dispuesto por el Papa para conservar el poder. Pero esta sumisión al Papa no duró mucho ya que acabo enfrentándose al Papa y recuperando las competencias perdidas. El Papa fue perseguido y murió en el destierro en 1085.

No obstante, la llama se había prendido y el tema estuvo candente durante varios años hasta que en 1122 en el **concordato*** de Worms, se acordó que la Iglesia nombraría a los obispos y abades y que estos también debían obediencia al soberano de turno.

El emperador Enrique IV pide perdón al papa Gregorio VII.

Excomunión: pena establecida por la Iglesia mediante la cual quedaba fuera de la comunidad eclesial y de la posibilidad de recibir los sacramentos. Si el excomulgado era un rey, los súbditos quedaban excluidos de la obediencia debida.

Simonía: otorgar un cargo eclesiástico al mejor postor; es decir, al que ofrece más dinero por él.

Celibato: su significado original es aquel que no está casado. En el mundo religioso se define como la situación de cualquier clérigo que como consecuencia de su ordenación sacerdotal o juramento, no puede, ni podrá realizar casamiento para dedicarse por completo a Dios y a los hermanos en la fe.

Concordato: tratado, convenio o acuerdo que un rey o estado realiza con la Iglesia Católica.

ACTIVIDADES

7 En grupo, averiguad qué es el *Dictatus Papae* y realizad una presentación explicando su contenido y sus consecuencias

8 Las relaciones entre la Iglesia y los gobiernos nunca son fáciles. Averigua cuál es la situación actual de tu país y realiza un pequeño comentario en tu cuaderno.

9 El siglo X es llamado el siglo oscuro de la Historia de la Iglesia. Averigua las causas de ese nombre y exponlas brevemente en tu cuaderno.

04 Los monasterios también se reforman

La **reforma** que necesitaba la Iglesia partió del mundo monacal y de la creación de nuevas órdenes religiosas. En la abadía benedictina de Cluny, Francia, fundada en el 910, se gestó el cambio. Esta abadía pretendía que los monjes recuperaran la tradición original benedictina y se puso bajo el poder del Papa, eludiendo la pertenencia al obispo y evitando el vasallaje a cualquier poder eclesiástico o civil. Esto les permitía, entre otras cosas, elegir libremente al abad sin la intromisión de los poderes temporales. De esta manera se instala en el monasterio una vida basada en la pureza de vida, la oración, la evangelización y la cultura. El éxito fue total. En poco tiempo se propagó creando toda una red de abadías dependientes de Cluny. Con este impulso, la vida espiritual y cultural de los religiosos y demás cristianos se ve reformada, además del enorme cambio para conseguir la independencia de la Iglesia frente a los poderes civiles. Otro de los aspectos en los que Cluny tuvo un papel estelar fue en el cuidado y enriquecimiento de las celebraciones litúrgicas, un tanto anquilosadas en ese momento. Pronto el éxito inicial se fue diluyendo como consecuencia del gran número de abadías y del poder económico que fueron adquiriendo.

La abadía benedictina de Cluny, Francia.

Otra abadía contribuirá a la renovación eclesial. Se trata de la abadía del Císter (situada en Citeaux, Francia), fundada por Roberto de Moresmes que, junto con otros monjes, se retira a un lugar apartado y pantanoso para llevar una vida muy austera conforme a la regla benedictina. En realidad, una vuelta a la pobreza en el vestir, a la austeridad en el comer e incluso en la liturgia. Los monjes debían vivir de su trabajo en los campos del monasterio. Cambió el hábito negro habitual de los monjes benedictinos por uno blanco de lana natural lo cual les granjeó el apelativo de monjes blancos. Esa sencillez llega incluso al arte, donde un nuevo estilo se va abrir paso: el arte cisterciense. Plasma en sus edificaciones el estilo sencillo de su ideología. Templos vacíos de ornamentación y muy austeros, sin grandes alardes iconográficos se abren paso en este tipo de abadías. Pronto atrajo a otros jóvenes, entre ellos a Bernardo de Claraval que, con el tiempo, será el promotor de lo que se conoce como reforma cisterciense, invitando a los obispos a vivir con una mayor pobreza y cuidado de los pobres.

¿Alguna duda?

¿Entonces es esa la reforma que da origen a la orden cisterciense?

Sí, a partir de entonces, el emplazamiento de los monasterios cistercienses siempre será en lugares deshabitados y no cultivados. Lo cierto es que se convirtieron en granjas donde se estudiaban mejoras en las técnicas agrarias y en los productos cultivados hasta encontrar aquellos que mejor se adaptaran a las circunstancias del terreno. Además, supuso el desarrollo de nuevos espacios que estaban abandonados y eran tremendamente productivos.

ACTIVIDADES

10 El monasterio de Cluny tuvo una vital importancia para el resto de Europa también en el arte, sobre todo en la construcción de algunas catedrales españolas. En grupo, averiguad a qué catedrales nos estamos refiriendo y cuál es la influencia recibida. Exponed los resultados al resto de la clase.

11 Realiza una presentación en la que aparezcan las características y principales ejemplos del arte cisterciense.

12 Busca información sobre el Monasterio de la Granja de Moreruela (Zamora). Haz un resumen en tu cuaderno de su historia.

05 Estos monjes son diferentes

Durante el siglo XIII vuelven a reurgir las ciudades, creándose algunas nuevas que alcanzarán gran notoriedad. Si bien el centro de la actividad económica es el campo, la causa de este esplendor es el comercio. La mejora en las técnicas agrarias y un mejor aprovechamiento del terreno han dado lugar a que a los señores les sobre parte de la cosecha y de la producción ganadera. Es necesario ponerlo en el mercado para que otros tengan acceso. Las ciudades se van a convertir en el lugar indicado para ello. A la sombra de este hecho se van a revitalizar las ciudades que habían estado oscurecidas durante la plena Edad Media. Las ciudades crecen y demandan servicios, también religiosos. Nace la burguesía. Además, ha llegado gente de la baja sociedad y mendigos que no disponen de los medios necesarios para subsistir y necesitan una atención.

Para dar satisfacción a estas necesidades urbanas van a nacer las denominadas **órdenes mendicantes**, que con un cierto hartazgo de ver a la Iglesia sumida en la riqueza, proponen un estilo de vida cuyo ideal sea la pobreza evangélica. Un objetivo diferente al resto, basado en la evangelización de las gentes, les permite pronto ganarse el cariño y el apoyo de la población, tanto la humilde como la de las clases más acomodadas. Era un hecho que las gentes del pueblo, en su mayor parte analfabetas, adolecían de los fundamentos esenciales de la fe cristiana, como lo era también que los sacerdotes que debían inculcar esos principios tenían la misma carencia que los fieles. Así, tanto los **franciscanos**, fundados por san Francisco de Asís, como los **dominicos**, fundados por santo Domingo de Guzmán, se convertirán en los evangelizadores del pueblo. Con una subsistencia dependiente de la caridad de la gente y una solida cultura, recorrerán, caminos y ciudades con la única función de evangelizar al mundo. Esta vida de privaciones y servicio les da la autoridad moral de luchar también contra los herejes que acusaban a la Iglesia de sus lujos y sus riquezas. Una nueva forma de entender el monacato se instaura en Europa y ambas órdenes acogerán en su seno a grandes personajes, no solo de la historia de la Iglesia, sino también de la historia de la humanidad.

Recreación de un encuentro entre san Francisco y santo Domingo.

«Mando firmemente a todos los hermanos que de ningún modo reciban dinero o pecunia ni por sí mismos ni por intermediarios. Únicamente los ministros y custodios, provean con cuidado solícito a las necesidades de los enfermos y al vestido de los hermanos. Los hermanos no se apropien nada para sí, ni casa, ni lugar, ni cosa alguna. Y, cual peregrinos y forasteros vayan por limosna confiadamente». (*Regla de los franciscanos*)

ACTIVIDADES

13 En grupos, elaborad una biografía de san Francisco de Asís y otra de santo Domingo de Guzmán destacando distintos aspectos: hasta la fundación de sus órdenes religiosas, comienzos de sus congregaciones y actualidad de las mismas.

14 San Francisco nació en Asís (Italia) y santo Domingo en Caleruega (Burgos) Averigua si hay algo que aún recuerde a personajes tan ilustres en ambos lugares.

15 En grupos, buscad información sobre las características de la espiritualidad de los franciscanos. Elegid tres y debatid en clase si es posible llevarlas a la práctica en la actualidad.

06 El Románico y el Gótico al servicio de Jesús y su Iglesia

Europa crece. Poco a poco, un aumento demográfico se instaura en todo el continente. En torno al año 1000 este incremento es considerable. Se pueblan nuevos territorios. El cristianismo se va consolidando y comienza un espíritu de construcción de templos para dar cobertura a esta nueva situación y como lugares de reunión y celebración. El Camino de Santiago se había convertido en un lugar de llegada de aquellas tendencias que se estaban instalando en Europa.

A España va a llegar una nueva forma de entender la construcción de los templos que proviene del monasterio de Cluny. Entra en escena el **arte románico** que se va a ir propagando por Europa en cada una de las nuevas construcciones. Grandes muros que sujeten las pesadas bóvedas de cañón, con pequeñas ventanas, para que no debiliten las paredes, proporcionan un templo oscuro que obliga a decorar con pinturas muy vivas. Una luz tenue se filtra por los pequeños ventanales invitando al recogimiento y la oración. Los capiteles de las columnas se llenan de motivos geométricos o naturalistas, en algunos casos con escenas religiosas. Las entradas de las iglesias —principal y laterales— muestran representadas las escenas fundamentales de la historia sagrada para ser observada, comprendida y memorizada por los fieles. En el centro de la entrada principal un Cristo majestuoso recibe a los fieles mostrando todo su poder (pantocrátor).

La economía crece, la riqueza fluye, las ciudades se engalanan y se abren al resto de la cristiandad Surgen grandes edificaciones con un nuevo estilo que se abre paso: el arte gótico. Es majestuoso. Las edificaciones toman altura hasta límites impensables y las naves se expanden dejando un gran espacio en su interior. Han inventado la bóveda de crucería, ya no es necesaria la pesada bóveda de cañón. Esta es mucho más ligera. Por si acaso, un contrafuerte sujeta los muros permitiendo, no solo elevarlos, sino abrir grandes huecos en ellos. Los ventanales permiten la entrada de la luz transformada por los cristales multicolores de las vidrieras. El templo se convierte en un adelanto del cielo, del paraíso que les espera después de la muerte. Entrar en el templo es hacerlo en el paraíso celeste, a la contemplación de la grandeza de Dios. La imagen sigue manteniendo la finalidad didáctica, pero ahora se encubre de realismo. Muestra sentimiento, sufre, padece, se llena de realidad.

El arte románico se caracteriza por su austeridad.

La catedral de Reims es un ejemplo del arte gótico.

> «Las catedrales son (...) un reflejo de la vida del pueblo y del tiempo en el que fueron construidas; un símbolo que identifica una ciudad; un museo y un archivo histórico; (...) centro de la unidad del pueblo cristiano y casa de oración. Aunque sean el orgullo de una iglesia diocesana, son patrimonio religioso y cultural de la humanidad».
>
> (Coro Marín)

ACTIVIDADES

16 Busca el interior de una iglesia románica e intenta imaginar que estás allí dentro. ¿Qué sentimientos te transmite?

17 Lee el texto de Coro Marín y explica cómo define las particularidades de las catedrales góticas.

18 Investiga cómo se construía una catedral gótica. Haz un resumen en tu cuaderno.

Y ADEMÁS HOY...

Las cruzadas

Seguramente la primera imagen que acude a nuestra mente al oír «las cruzadas» sea una escena con caballeros con la cruz de los cruzados y espada luchando contra los musulmanes para recuperar los santos lugares. Este periodo de la historia ha surtido mucho a la ficción.

La Historia nos cuenta que la pérdida de las posesiones en Tierra Santa a manos de los musulmanes supuso un golpe moral muy importante para la Cristiandad, sobre todo la occidental, que no actuó ante los avisos de Iglesia oriental, y cuando lo hizo fue tarde. Aunque al comienzo los musulmanes habían sido tolerantes con los cristianos, los musulmanes turcos arrasan todo.

A partir de ese instante, alentado por el Papado, y con el sentimiento de culpa de los reyes católicos por no haber ayudado en su momento, surge un cierto sentimiento caballeresco de lograr un pasillo cristiano para poder peregrinar a los Santos Lugares. Pero también hay unos intereses comerciales muy grandes para entablar rutas con Asia por parte de algunos nobles, especialmente los mercaderes venecianos. Por otro lado, los papas se encontraban con una oportunidad de oro para demostrar al mundo conocido que el Papado estaba por encima de cualquier poder temporal.

Desde Occidente se llegan a organizar ocho grandes expediciones para ocupar Jerusalén comandadas por el Papado y con la participación sirve para financiar estas campañas. Llegan a conquistar Jerusalén y la mantuvieron cuatro años. Pasado ese tiempo vuelven a perderla para nunca más recuperarla.

Las demás expediciones terminaron en auténticos fracasos. Viendo lo positivo, los participantes en estas misiones tuvieron la oportunidad de conocer culturas orientales que, en otras circunstancias, jamás hubiesen podido conocer. Esto les permitió instaurar en sus reinos industrias, ciencias y artes que de otro modo no hubiesen realizado.

Batalla entre Ricardo corazón de león y Saladino.

La información del Mac-abeo

Dentro del mundo monacal es famoso el **silencio cartujo**. San Bruno (1035-1101) inició una nueva forma de vida monástica donde combinaba la soledad que practicaban los antiguos eremitas y la vida comunitaria de los monasterios. En sus estatutos establece que el silencio es casi total en la mayor parte del día. El rezo es continuo, incluso durante los trabajos manuales. Se establece para los domingos un recreo y para los lunes un paseo fuera del monasterio, tiempo durante el cual se puede hablar libremente.

ACTIVIDADES

19 Este acontecimiento histórico se convierte en un filón para novelas y cine. Busca alguna obra literaria y alguna película en cuyo contexto se trate el tema de las cruzadas. Realiza una breve sinopsis de la misma.

20 Jerusalén es considerada ciudad sagrada para tres grandes religiones. Averigua cuáles son y por qué.

21 Al amparo de las cruzadas surgen tres órdenes religiosas muy particulares. Dividíos en tres grupos y que cada grupo escoja una de las órdenes y realice una presentación en el aula explicando las principales características de cada una de ellas.

Carlos Amigo

Carlos Amigo nació en Medina de Rioseco, Valladolid, en 1934. La vocación religiosa de Carlos no viene desde la cuna ni se gesta en la familia cristiana en la que vive sino que sucede por asimilación paulatina de la necesidad de entregarse a los demás siguiendo el camino de san Francisco. Desde ese momento, la pobreza, la sencillez y la simpatía ya innata, formarán parte de su vida y carácter.

Abandona sus estudios de Medicina en Valladolid y entra en el noviciado de la orden franciscana. Se ordena sacerdote y es enviado a estudiar filosofía en Roma donde se licencia. Las órdenes de sus superiores le envían a Madrid. Aprovechando este destino se licenciará en Psicología mientras imparte clases en un centro de educación especial. Pronto también terminará licenciándose también en Teología.

Es nombrado provincial de la provincia de Santiago. Tres años más tarde, y ante su propio asombro, es nombrado arzobispo de Tánger, ciudad de mayoría musulmana, en el norte de África. La comunidad de católicos es cada vez más pequeña y son ellos los que sustentan la Iglesia. La austeridad preside su vida por lo que con lo que les llega de los propios católicos sobreviven sin problemas. «No tomamos café ni el domingo», llega a afirmar en una entrevista. La pobreza evangélica del santo de Asís estará siempre presente en su vida.

No fue mucho el tiempo que permaneció allí. Juan Pablo II lo nombró arzobispo de Sevilla donde estuvo más de veinte años ganándose el cariño de los hispalenses que le honran con numerosos reconocimientos. Además, su multitud de libros lo convierten en miembro de las más variadas academias.

Cuando ya veía que se acercaba el ansiado regreso a su monasterio y sus lecturas, Juan Pablo II le nombra cardenal. Ha asistido a los cónclaves que eligieron a Benedicto XVI y al papa Francisco.

En 2009, por fin le llegó el momento de volver a ser un frailecillo franciscano. Aquello que siempre quiso y por lo que dejó la carrera de Medicina. A pesar de su retiro en el convento aún sigue impartiendo cátedra desde los escritos y desde las conferencias en las que participa.

El cardenal Carlos Amigo Vallejo.

Las ideas de Pitt Ágoras

San Buenaventura, fraile franciscano, profesor de filosofía y Biblia, es una de las figuras más destacadas de esta nueva escuela franciscana medieval que tanto valor da a las realidades concretas de este mundo al estilo de san Francisco. Todas las cosas de este mundo pueden, deben, convertirse en ocasión para que las personas puedan llegar a través de ellas hasta Dios: «Abre, pues, los ojos, acerca los oídos espirituales, despliega los labios y aplica tu corazón para en todas las cosas ver, oír, alabar, amar y reverenciar, ensalzar y honrar a Dios».

ACTIVIDADES

22 Busca en internet información sobre el cardenal Carlos Amigo y elabora una biografía.

23 Qué fue lo que le hizo cambiar los estudios de Medicina por el sacerdocio?

24 ¿La formación médica le sirvió en su labor pastoral? ¿Cómo?

La creación y san Francisco de Asís

> «Cuando contemplo el cielo, obra de tus dedos, la luna y las estrellas que has creado. ¿Qué es el hombre para que te acuerdes de él, el ser humano, para mirar por él? (...) ¡Señor, Dios nuestro, que admirable es tu nombre en toda la tierra!» (Sal 8,4-5.10)

Fíjate bien en este párrafo del Salmo 8 y responde, ¿por qué crees que los creyentes se impresionan ante la creación?

San Francisco de Asís predicando.

La maravilla de los astros, la grandeza del firmamento pero, sobre todo, el ser humano, impresiona sobremanera al salmista. Ahora vamos a compararlo con la admiración que san Francisco de Asís transmitió en esta pequeña oración de alabanza, el ***Cántico a las criaturas***:

«Alabado seas mi Señor,
en todas tus criaturas, especialmente en el señor hermano sol,
por quien nos das el día y nos iluminas.
y es bello y radiante con gran esplendor,
de Ti, Altísimo, lleva significación.

Alabado seas, mi Señor,
por la hermana luna y las estrellas,
en el cielo las formaste claras y preciosas y bellas».

¿Qué semejanzas encontráis? ¿A quién alaba san Francisco? ¿Qué respeto muestra por aquellas cosas de la naturaleza? ¿Quién aparece en definitiva como el fin último de la alabanza?

La admiración por las cosas bellas de la creación que san Francisco transmite en esta pequeña oración, es sin duda la misma que la del salmista. Pero en este caso, además, coincide la admiración por los astros y el firmamento, aquello que desde el comienzo de la humanidad ha fascinado y que forma parte de las cosas más bellas de la creación. Tanto al salmista y como a san Francisco la contemplación de la Creación les lleva a expresarlo buscando también las palabras adecuadas y bellas, como si no quisiesen desentonar con la grandeza de lo contemplado. De las dos maneras sale una expresividad vocal bella, dulce y sonora. La humanidad es ingrata con el creador. No le manifiesta convenientemente la alegría por lo que nos rodea y por la vida misma que es el mayor don de la creación como afirma el salmista.

La sensibilidad de san Francisco hacia la naturaleza y todos los seres vivos lo convierten en el primer ecologista de la historia. La contemplación de lo que le rodea, así como el contacto directo con ella, se convirtieron en uno de los pilares fundamentales de su oración y forma de entender la vida que, además, transmitió a su congregación. Ese espíritu permanece fiel en los franciscanos.

Busca en internet el cántico completo y define con tres palabras la relación de san Francisco de Asís con la naturaleza.

Un poquito de cine por favor

Los clandestinos de Asís

Ambientada en Asís durante la II Guerra Mundial, la película está basada en un hecho real: el esfuerzo heroico y bondadoso de sus habitantes, que permitió salvar del exterminio a un buen número de familias judías. El franciscano padre Rufino recibe del obispo la misión de salvar a las familias judías italianas perseguidas por los nazis. Gracias a la red que organiza y a los contactos salvó a unos 200 judíos.

Radio Seibo

Si hay algo que puede acercar y unificar a miles de personas, son las palabras compartidas. La radio puede convertirse en el medio en el que este fin se lleve a cabo. Eso fue lo que debieron de comprender los monjes dominicos hace 40 años cuando decidieron poner en marcha una radio en la zona de Seiba (República Dominicana). A lo largo de este tiempo, esa radio se ha convertido no solo en una transmisora de palabras a través de las ondas, sino también en un auténtico instrumento de educación a través de los diferentes programas encaminados a dar a la empobrecida población un poco de cultura, de amor, de felicidad. Las ondas les unen, crean sintonía entre ellos y los ponen en comunicación.

Fue creada para un fin que no han olvidado a lo largo de estos años: «acompañar a la sociedad seibana y de la región oriental de la isla en sus luchas hacia la conquista del Buen Vivir involucrándose en los procesos encaminados a lograr cambios justos y dignos prestando atención a los más desfavorecidos. Promover, vigilar, participar y orientar a la comunidad seibana, dándole vida a la esperanza de la ciudadanía desde los valores del Evangelio». No han parado de reinventarse constantemente para cumplir ese objetivo que preside la emisora en la mente de cada persona que forma parte de ese equipo.

Desde sus ondas se defienden, se inventan, o se investigan proyectos que se presentan a las instituciones para luego ser cumplidos como, por ejemplo, el proyecto de agricultura Virgen de Covadonga con el cultivo de hortalizas en ambiente protegido mediante fertilizantes y plaguicidas orgánicos que busca una incentivación a la producción local, un abastecimiento de alimento para la provincia, además de ser una escuela de formación para todas aquellas personas a las que proporciona trabajo. También está en marcha un proyecto de energía solar que alimenta el transmisor de Onda Media.

Todo esto conduce a que el grupo humano que saca a delante cada día la programación de la radio, se esmere para que cada día sea diferente y se respire un aire de creatividad constante. El espíritu dominico de acercar el Evangelio a todo el mundo invade cada ladrillo de la emisora y les mueve a llegar a las comunidades más lejanas para escuchar sus alegrías y sus penas, para acompañarlas, y que sientan que no son las palabras de una radio las que le hablan, son las palabras del amor emanado del Evangelio.

ACTIVIDADES

25 Busca información en internet sobre esta emisora y haz un resumen con algunas de las características de esta radio.

26 ¿Qué destacarías de las actividades de esta emisora de radio?

27 ¿Qué crees que supone para los habitantes de la zona la presencia de esta radio entre ellos?

SÍNTESIS

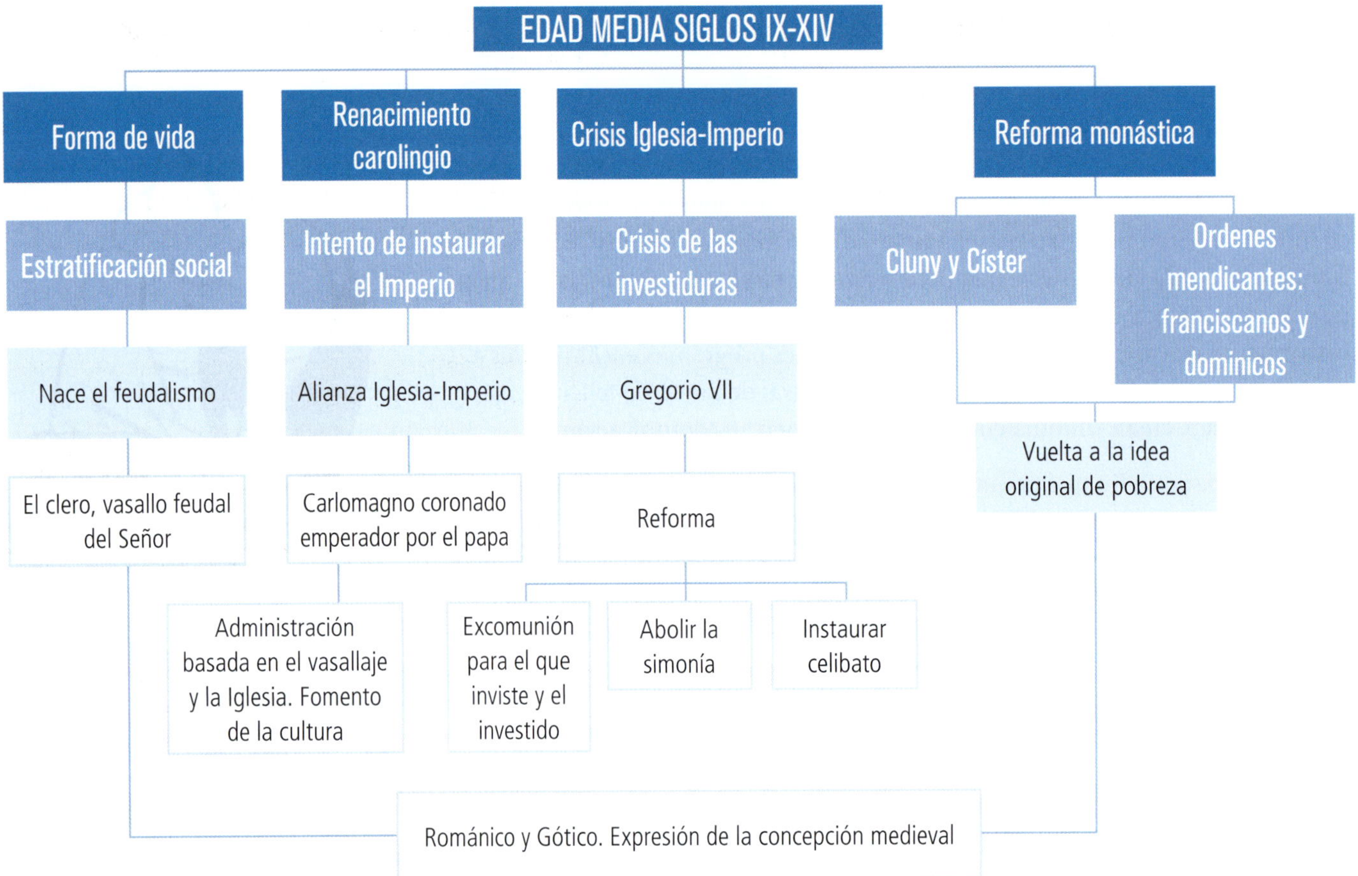

Fuentes

es.wikipedia.org/wiki/C%C3%A1ntico_de_las_criaturas

www.aciprensa.com › Recursos › Cardenales de la Iglesia Católica

www.listindiario.com/la-vida/2014/9/1/335910/Radio-Seibo-cuarenta-anos-escuchandote

www.portalplanetasedna.com.ar/catedrales.htm

www.moreruela.aguicamp.es/historia.html

recursos.cnice.mec.es/lengua/alumnos/eso1/t3/b4/a13.htm

www.juntadeandalucia.es/averroes/html/adjuntos/2007/09/13/0030/edadmedia/sociedad/sociedad.htm

ACTIVIDADES DE EVALUACIÓN

1 De los siguientes personajes indica cuáles están relacionados con la unidad estudiada.

a. Gregorio VII

b. Benedicto XVI

c. Bernardo de Claraval

d. San Bruno

e. Martín Lutero

f. Santo Domingo de Guzmán

g. Juan XXIII

h. Carlomagno

2 Escribe dos o tres líneas que nos presenten a los personajes que con anterioridad has señalado como pertenecientes a la unidad.

3 Define los siguientes conceptos:

Feudalismo Vasallaje Señor feudal Dominio Clero Celibato Simonía

4 ¿Por qué se consideran tan malas las investiduras para la Iglesia?

5 ¿Cuáles fueron los protagonistas principales en el conflicto de las investiduras?

6 ¿Cuáles eran las pretensiones de la reforma de Cluny? ¿Y la del Císter?

7 ¿Qué caracteriza a la orden del Císter frente a las demás?

8 Indica qué aspectos fundamentales de la espiritualidad de san Francisco han llegado hasta nuestros días.

9 ¿Qué se quiere decir cuando se califica a san Francisco como el primer ecologista?

10 Indica cuál es la novedad que aporta la aparición de las órdenes mendicantes.

11 Resume las características fundamentales del arte gótico y románico.

12 ¿Cuál fue la causa que motivó las cruzadas?

13 Señalar si son verdaderas o falsas las afirmaciones siguientes:

a. En la sociedad medieval el clero pagaba impuestos igual que los demás ciudadanos.

b. Los reyes son los encargados de nombrar a los obispos y los abades.

c. El concordato de Worms estableció la obligatoriedad del celibato para los clérigos.

d. Los monasterios cluniacenses continúan en la actualidad al igual que franciscanos y dominicos.

e. Carlomagno intentó restaurar la organización del Imperio Romano.

f. Carlomagno destacó por el fomento de la cultura, en especial la teológica, que él mismo estudió.

14 Durante la unidad ha quedado claro que la Iglesia se desvió del camino original en algunos momentos, pero al mismo tiempo también aparecen signos que nos conducen a pensar en su vuelta al camino correcto. Indica cuáles son esos signos.

15 Señala de los siguientes aspectos estudiados en la unidad en cuáles Jesús se manifiesta y cuáles son acciones propia de los hombres:

a. Camino de Santiago

b. Arte gótico y románico

c. Riqueza de la Iglesia

d. Sacerdotes y obispos al servicio del poder civil

e. Franciscanos y dominicos

f. La vida personal y social de muchas personas religiosas.

16 ¿Quiénes eran los encargados de repartir los obispados, las parroquias y las abadías?

17 ¿Cómo se convierten los monasterios en custodios de la cultura?

18 Define lo que es un concordato.

19 ¿Por qué se caracterizan los cartujos?

20 La encíclica *Laudato Si* del papa Francisco comienza con las mismas palabras que el *Cántico a las criaturas* de san Francisco de Asís. Investiga a qué está dedicada y relaciónala con san Francisco.

21 ¿Cuál es el original de pobreza que las distintas reformas eclesiales buscan?

22 Señala dos ejemplos de arte románico y dos de arte gótico que conozcas.

A lo largo de los siglos las representaciones artísticas se han convertido en un eje sobre el que giran las religiones. Se trata de una fórmula para dar a conocer la doctrina, la moral y el concepto religioso que subyace en todas ellas, unas de una manera más explícita, las otras menos concluyente, pero en todas ellas encontramos en la representación artística un componente muy particular de su idiosincrasia. Vamos a ver cuáles son las principales características en las religiones más importantes.

DIOS COMO TÚ

La representación artística en el judaísmo

Jerusalem X, Elizabeth Barakah Hodges.

En el mundo judío, no solo el arte, sino toda la cultura, se encontraba influenciada por la creencia de algunas autoridades judías que sostenían que el segundo mandamiento prohibía toda representación artística que incitara a la idolatría. A pesar de los temores que pudiesen haber existido en algunas comunidades de que el arte llegase a ser empleado con este fin, lo cierto es que el arte sacro judío está presente en numerosos recintos y objetos rituales de la antigüedad y también junto a los textos bíblicos propiamente dichos, sobre todo a partir de la Edad Media. El Tabernáculo y el Templo de Jerusalén pueden ser considerados como las dos primeras instancias de arte judío, que incluye también el Arca de la Alianza, la Menorá (candelabro o lámpara de siete brazos) y diferentes utensilios rituales que aparecen en la Biblia. Durante el dominio romano se realizaron piezas de vidrio con láminas de oro que presentaban motivos judíos. Algunos suelos con mosaicos helenísticos fueron excavados en varias sinagogas de la antigüedad; en ellos suelen figurar curiosamente los signos del zodíaco— parece ser que eran aceptables a condición de estar representados en el suelo—. Las decoraciones en las paredes y en sarcófagos en la cueva-cementerio de Beit Shearim poseen una mezcla de motivos judíos con otros procedentes del conocido como mundo helenístico. No obstante, difícilmente han sobrevivido obras que puedan ser identificadas como arte judío.

Es cierto que a través de los siglos hubo muchos animales representados en el arte judío: leones en el arca de la Torá, lechuzas en monedas judías, animales en los capiteles de la sinagoga de Cafarnaún, sin embargo nada de representaciones humanas cuyo rechazo todavía continúa en la actualidad.

A partir de la I Guerra Mundial, algunos artistas judíos ya comienzan a desarrollar obras para extender la cultura judía con representaciones cotidianas y festivas propias de su tradición.

La grandeza del arte islámico

Mezquita azul de Estambul, Turquía.

Aunque sucede lo mismo que en el judaísmo en cuanto a las representaciones humanas, sin embargo, en torno a la religión islámica va a nacer una cultura artística muy uniforme basada en la caligrafía cúfica (caligrafía árabe antigua utilizada para escribir los primeros versículos del Corán), la lacería (líneas entrelazadas formando estrellas o polígonos) y el autarique (adorno de formas geométricas y patrones extravagantes que imita formas de hojas, flores, frutos, cintas, animales, y aparece en las paredes de las mezquitas) que dará a todas las edificaciones una gran riqueza ornamental de gran belleza. En arquitectura crearon edificios con funciones específicas tales como mezquitas y madrazas, siguiendo el mismo patrón básico, aunque con diferentes formas.

DIOS COMO TODO

Del comienzo y hasta la dinastía omeya se sabe muy poco de la arquitectura islámica. Es a partir de entonces —sobre todo con el primer gran edificio que es la Casa del Profeta en Medina— cuando la mezquita se va a convertir en el objetivo principal de la arquitectura. La Casa del Profeta es considerada la primera mezquita y a partir de ahí seguirá el resto. Es ella quien marca la estructura fundamental aunque luego, teniendo en cuenta la cultura en la que se encuentran, se irán desarrollando el resto de edificaciones. Así, los mosaicos, la cerámica, el metal, irán introduciéndose en las decoraciones de las diferentes estructuras arquitectónicas para realzar la belleza y la funcionalidad de las mismas. Pero no se limitará únicamente a las mezquitas, también los grandes palacios mantienen la misma idea en las decoraciones y en las estructuras.

El arte budista

El arte budista se originó en la India después de la vida histórica de Siddhartha Gautama (Buda), y a partir de entonces se desarrolló por el contacto con otras culturas, se extendió por toda Asia y el mundo. Este arte tiene su mejor representación en los lugares considerados santos como Bodhgaya, Sarnath —lugar donde predica Buda su sermón—, Lumbini, etc. También son importantes aquellos monasterios a los que los budistas acuden en peregrinación, entre los que destacan Ajanta, Amaravati, Sanchi, Ellora, Anuradhapura, etc. El estupa de Sanchi es uno de los mejores monumentos budistas de la India.

La Gran Estupa de Sanchia en India.

En el arte budista se pueden distinguir dos etapas. La primera se extiende hasta el siglo III y en ella no aparece una representación propiamente de Buda, sino que se utilizan símbolos como el león, el árbol de la iluminación, objetos rituales como el estupa, el vaso o el baldaquín, o mediante el vacío, representación del nirvana.

La otra etapa es a partir del siglo II, prolongada en la India hasta el siglo V. Aquí va a comenzar una verdadera explosión de la imagen de culto, basada en bodhisattvas y Budas. Pero también monasterios, templos, arquitectura doméstica, frescos, estatuas y pinturas en seda, objetos de culto de bronce o de madera, tapices, ropas de ceremonias y de danzas... Todas estas representaciones van a tener un hilo conductor en la fe y la creencia en la reencarnación.

Arte hindú

En la religión hindú el arte está realizado al servicio del creyente y aprovecha esa idea para presentar unas imágenes extremadamente idealizadas, en las que se representan seres con características sobrehumanas. Probablemente no se pueda considerar tan explicativo como el budista, pero en este caso, el arte hinduista tiene la misión de rendir pleitesía y adorar al dios que da título al templo, y no enseñar o adoctrinar al creyente, aunque esto no significa que los brahmanes hagan uso de estas imágenes como herramienta para la enseñanza de la creencia hindú.

Sin duda estamos ante un arte eminentemente religioso y sus manifestaciones se entienden siempre como objetos de culto que deben provocar y atraer al fiel que las contempla, e intenta, a través de esta mirada, alcanzar y entender la esencia última del poder de la divinidad, transmitir la emoción a quien contempla la obra de arte. La naturaleza se va a convertir en fuente de inspiración, de ahí que aparezca constantemente en las representaciones.

La diosa hindú Shiva.

EL ARTE EN LAS RELIGIONES

El ser humano es un ser que vive inmerso en una sociedad y que crea una cultura a su alrededor. Tal vez una de las formas de definir los seres humanos sea precisamente la generación de cultura; la cultura es difícil de definir pero reconocemos que abarca múltiples aspectos de la vida que se interrelacionan. En la generación de cultura, el cristianismo no ha permanecido al margen de esto porque todo lo que interesa al hombre interesa a la Iglesia.

El cristianismo ha sabido comprender la importancia del arte y se sirve de él para transmitir el mensaje evangélico. Porque los seres humanos conocemos más a través de lo que sentimos que de lo que pensamos. El arte sirve para despertar los sentidos, impactar el corazón de las personas y grabar el mensaje trascendente y de sentido que el Evangelio posee. Porque las grandes películas, la ficción literaria, el teatro o la poesía nos hablan de la fe, del dolor, de la muerte y del sentido trascendente de la vida. Porque el color, la luz y las formas facilitan la experiencia de cada encuentro significativo con Dios.

La Iglesia y el arte tienen la misma finalidad puesto que pretenden liberar al hombre de esclavitudes externas y llevarlo hasta la raíz de sí mismo. Ambos permiten que el hombre se abra a la libertad, alejándose de la violencia, del consumismo y de la planificación descarnada.

PREGUNTAS

1 El arte busca hacer visible lo invisible. Las obras inspiradas en la Escritura son un reflejo del misterio insondable que rodea y está presente en el mundo.

Lee el siguiente texto de la *Carta de Juan Pablo II* a los artistas:

«El Hijo de Dios, al hacerse hombre, ha introducido en la historia de la humanidad toda la riqueza evangélica de la verdad y del bien, y con ella ha manifestado también una nueva dimensión de la belleza, de la cual el mensaje evangélico está repleto [...] la palabra bíblica se ha hecho innumerables veces imagen, música o poesía, evocando con el lenguaje del arte el misterio mismo del Verbo hecho carne».

a. Selecciona las expresiones y/o frases del anterior texto que más te llamen la atención y coméntalas con tus compañeros y compañeras.

b. Fíjate en el texto anterior y completa la frase con el verbo adecuado:

El lenguaje del arte .... el misterio del *Verbo hecho Carne*.

c. Explica con tus palabras lo que quiere decir la frase anterior.

d. Anota tus conclusiones sobre el texto trabajado.

2 Contempla con atención la siguiente imagen. Tómate tu tiempo para "saborear" sus formas, sus colores, su minuciosidad, y responde a las preguntas.

Para poder contemplar todos los detalles de la obra de Fra Angelico, puedes consultar la siguiente dirección web en la que encontrarás una reproducción de la imagen en alta resolución: https://www.museodelprado.es/imagen/alta_resolucion/P00015.jpg.

a. ¿Qué sentimientos te evoca?

b. ¿Qué es lo que más te gusta de esta obra?

c. ¿Qué «mensaje secreto» transmite?

PREGUNTAS

3 Descubre los temas que aparecen representados en esta obra de Fra Angelico. Para ello, te proponemos los siguientes pasos:

a. Contempla la imagen.

b. Lee la fuente de inspiración del artista, la Biblia:
Lc 1,26-38 Gn 3,21-23 Rom 5,15

c. Responde:

- ¿Qué representa la escena central?
- ¿Qué ocurre en el jardín de la parte izquierda?
- ¿Qué relación tienen las dos escenas?
- Teniendo en cuenta todo lo anterior ¿cuál crees que es la intención del autor de esta obra?

4 Realiza una presentación en formato digital recogiendo las conclusiones obtenidas de las actividades propuestas en esta doble página. A través de ellas descubrirás cómo la Biblia se hace arte y crea cultura.

5 **Investigación grupal.** Averiguamos el significado profundo de algunos símbolos que aparecen en este cuadro. ¿Qué simbolizan los siguientes elementos?

a. Bóveda pintada de azul con estrellas.

b. Golondrina.

c. Paloma.

d. Manos sobre disco solar.

6 **Debate.** ¿La experiencia de fe genera una cultura? Razona tu respuesta.